陪你到地老天荒

加拉帕戈斯朝圣之旅

朱向霞 / 著　　朱向霞 / 摄影

中国旅游出版社

项目策划：段向民
责任编辑：张芸艳
责任印制：孙颖慧
封面设计：武爱昕

图书在版编目（ＣＩＰ）数据

陪你到地老天荒：加拉帕戈斯朝圣之旅 / 朱向霞著、
摄影 . —— 北京：中国旅游出版社，2022.9
ISBN 978-7-5032-7010-9

Ⅰ . ①陪… Ⅱ . ①朱… Ⅲ . ①群岛—介绍—厄瓜多尔
Ⅳ . ① K977.64

中国版本图书馆 CIP 数据核字 (2022) 第 144321 号

书　　名：陪你到地老天荒：加拉帕戈斯朝圣之旅

作　　者：朱向霞
出版发行：中国旅游出版社
　　　　　（北京静安东里 6 号　邮编：100028）
　　　　　http://www.cttp.net.cn　E-mail:cttp @ mct.gov.cn
　　　　　营销中心电话：010-57377108，010-57377109
　　　　　读者服务部电话：010-57377151
排　　版：小武工作室
经　　销：全国各地新华书店
印　　刷：北京工商事务印刷有限公司
版　　次：2022 年 9 月第 1 版　2022 年 9 月第 1 次印刷
开　　本：720 毫米 × 970 毫米　1/16
印　　张：19
字　　数：170 千
定　　价：98.00 元
ＩＳＢＮ　　978-7-5032-7010-9

愿将此书献给我的父母及家人

愿将此书献给热爱大自然的朋友

"旅行能磨炼人的性情和耐心，让人摆脱自私的想法，养成自力更生的好习惯，并善于利用每一次机会。旅行既能让人不再轻信，但同时也能发现世界还是善良的人占多数。"

"旅行还能给人合理的快乐。世界地图不再是抽象的，而是一幅多姿多彩、活生生的图像。"

查尔斯·达尔文（Charles Darwin）
《"小猎犬"号科学考察记》（*The Voyage of the Beagle*）

序　言

地理是我从小就学得最好的一门功课，因为热爱，长大后便进入了旅游行业，从事与世界地理息息相关的工作。这项工作不仅让我愈发敬畏大自然的神奇力量，而且让我意识到大自然是最有创意的魔术大师，袖子里总能抖出一个个令人惊讶的宝贝……《陪你到地老天荒：加拉帕戈斯朝圣之旅》的作者朱向霞老师，就抓住了这位魔术大师抖出的一个宝贝——加拉帕戈斯群岛，并将其中的奥秘娓娓道来。

朱向霞老师和丈夫张多一于 2017 年 4 月，用了"奢侈"的 15 天，乘坐"银海加拉帕戈斯"号邮轮，探索了几乎整个群岛。之所以称之为"奢侈"，其一是航线长、用时长，其二是价格不菲。在我们公司从事高端旅行近 30 年的历史中，迄今只有少数几位客人走完了加拉帕戈斯的东、西航线，完成了整个航程。

本书延续了朱向霞老师前一部著作《做客南极》的风格，用自己拍摄的图片讲述每个岛屿的神奇故事。同时，作者花了大量时间，根据行程中的见闻，查阅各种中英文资料，追根溯源，旁征博引，字斟句酌，用细腻的文风将加拉帕戈斯群岛的地质地貌和生物演化史一点点呈现在我们眼前。如此这样一个远古洪荒之地、杳无人烟之所，在作者的述说中灵动而亲切，字里行间流露着对大自然的敬畏和热爱，对野生动物的关怀和担忧。

我和朱老师、张老师结识于 2012 年，为他们第一次定制了前往印度的旅行。在之后的 10 年里，非常荣幸安排了他们绝大多数探索世界的旅行，远至南极、北极、南美洲和非洲，近到金三角、湄公河三角洲以及祖国各地。他们是我眼中"见过世面"也"见过大场面"的人，年轻时就已经是背包客了，用双脚丈量过很多国家。如今他们享受着退休生活，放慢脚步，继续前往还未踏足的国度。

每次旅行定制，两位老师都仿佛在做一个项目，从可行性研究到查阅资料，从路线设计到行程中的拍摄要点，点点滴滴都安排得细致入微。这些行前的周密准备，从他们发表在报纸杂志上的游记和出版的书籍就能窥见一斑。

旅行途中，他们用心领略大自然的神奇壮美，感受各国的风土人情，探究久远的文化遗产，享受"面朝大海，春暖花开"的幸福时光。一些难以预料的困难和灾害，比如在智利阿塔卡马沙漠空旷无人的山谷中遭遇泥石流，从他们口中说出都成为今生难得的经历和体验。

在我的眼中，他们爱玩也会玩，和而不同，美美与共。他们的旅行故事，既有自己的见闻感受，又富有知识性和趣味性。淡定从容的生活态度，严谨勤奋的治学精神，让他们从旅行中获得更高层次的享受。

两位老师的高标准要求，让我们不断细化服务；他们每次旅行回来的分享，都能给我这个旅游从业者带来惊喜，并为设计今后的产品提供思路。和他们相识多年积累的了解、默契和信任，成为我一直从事这个行业的原因和动力。

希望能继续为他们的环球之旅助力，期待分享他们更多有温度的旅行故事。

樊小城（引睿旅行创始人）

2022 年 5 月

目 录

陪你到地老天荒
加 拉 帕 戈 斯 朝 圣 之 旅

加拉帕戈斯——自然演化的博物馆

向而往之

平塔岛
Pinta

马尔切纳岛
Marchena

捷诺维萨岛
Genovesa

加拉帕戈斯群岛
Galapagos Islands

赤道 Equator

文森特·罗卡角
Punta Vicente Roca

圣地亚哥岛
Santiago

埃斯皮诺萨角
Punta Espinoza

塔古斯湾
Caleta Tagus

布卡内罗湾
Caleta Bucanero

巴特洛梅岛
Bartolome

巴尔特拉岛
Baltra

拉维达岛
Rabida

伊顿岛
Eden

龙丘地
Cerro Dragon

巴卡斯海滩
Las Bachas

南普拉萨岛
South Plaza

费尔南迪纳岛
Fernandina

伊丽莎白湾
Elizabeth Bay

平松岛
Pinzon

阿约拉港
Puerto Ayora

圣达菲岛
Santa Fe

皮特角
Punta Pitt

莱昂多米多岩
Leon Dormido

圣克鲁斯岛
Santa Cruz

巴克里索·莫雷诺港
Puerto Baquerizo Moreno

伊莎贝拉岛
Isabela

圣克里斯托巴尔岛
San Cristobal

科莫朗角
Punta Cormorant

邮局湾
Post Office Bay

弗洛里安纳岛
Floreana

埃斯帕诺拉岛
Espanola

漂浮在东太平洋上的加拉帕戈斯群岛

1535 年，西班牙国王兼神圣罗马帝国皇帝查理五世接到了这样一封信："尊敬的陛下，我们度过了风平浪静的 6 天后，遇上了强劲的海流，对此，我们束手无策。3 月 10 日那天，我们被冲到了一个岛上……"信的末尾署名是巴拿马主教托马斯·德·贝尔兰加（Tomas de Berlanga）。

1533 年，印加帝国沦陷，西班牙的征服者之间因领土划分而打得你死我活。为了解决这一争端，西班牙国王派贝尔兰加主教前往秘鲁进行调停。1535 年 2 月主教率队启程，没想到仅仅航行了 6 天，就被汹涌的巨浪和无法抗拒的洋流冲得偏离航向，停靠在了一个无人知晓的岛上，东太平洋上的一片群岛就这样歪打正着地被发现了。

最先发现加拉帕戈斯群岛的托马斯·德·贝尔兰加主教

然而临时接纳主教及其随从的岛屿并没有给他们带来任何希望，相反，却是失望、恐惧和无奈。他们看到的是荒无人烟、熔岩横流的陆地，还有那些在他们看来仿佛是从地狱走出来的史前动物：陆鬣蜥、海鬣蜥、弱翅鸬鹚、海狮、象龟……

岛上找不到淡水，更寻不到食物，一切都与现代人类社会脱节，一切都像回到了地球的初始阶段。愤怒之下，贝尔兰加主教把这里命名为"魔鬼岛"；绝望之中，他天天诅咒"魔鬼岛"，天天祈祷上帝保佑。随着光阴的流逝，诅咒和祈祷终于"显灵"，季风终于再次刮起，主教带着他的随从离开了这片群岛。

主教虽然像躲避灾难一样逃离了"魔鬼岛"，但漂浮在东太平洋上的这群岛屿却无可争辩地显示了它们的存在。几个月过后，海盗和捕鲸者闻讯而来，把主教诅咒的"魔鬼岛"变成了自己避风的港湾和生存的补给站。这些人生存能力相当惊人，他们跟随象龟的足迹找到了淡水，进而忘恩负义地宰杀象龟作为美食。象龟的美味给海盗们的印象太深了，以至于提及太平洋上的这群岛屿，就令他们高呼"加拉帕戈斯""加拉帕戈斯"！在西班牙语中"象龟"的发音就是"加拉帕戈斯"，于是"加拉帕戈斯"作为岛屿的名字就这样传开了。

陆鬣蜥

象龟

海鬣蜥

海狮

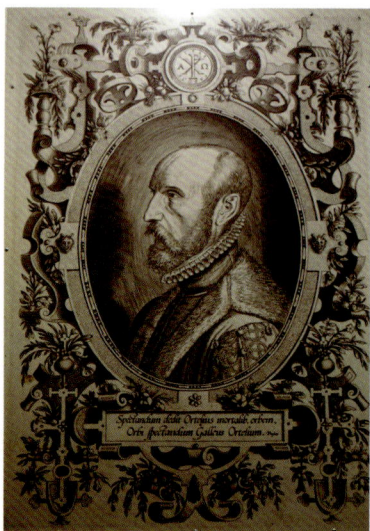

第一次在地图上标注"加拉帕戈斯"的荷兰制图专家阿伯拉罕·奥特留斯

1835年9月15日，26岁的达尔文来到加拉帕戈斯群岛考察

1570年，荷兰制图专家阿伯拉罕·奥特留斯（Abraham Ortelius）在新出版的世界地图上首次以"加拉帕戈斯"标注了贝尔兰加主教偶然发现的群岛。1832年厄瓜多尔共和国把加拉帕戈斯纳入版图。该群岛归属厄瓜多尔时，政府可能觉得，自己的一块领土怎么能用"象龟"来称呼呢？这样太不雅了，于是给了它一个正儿八经的名字——"科隆群岛"（Archipielago de Colon）。虽然群岛有了非常正规的名字，但是大家还是喜欢用"加拉帕戈斯"来称呼，这就如同我们人类的昵称，叫起来亲切。

让加拉帕戈斯获得新生的是英国博物学家查尔斯·达尔文。1835年9月15日，26岁的达尔文随英国海军测量船"小猎犬"号（HMS Beagle）抵达了这片群岛。在这位年轻博物学家的眼里，加拉帕戈斯不是地狱，更不是令人诅咒的"魔鬼岛"，而是一个与世隔绝的自我世界，一个充满活力的生命大熔炉。

远离大陆，岛与岛之间又相对孤立，封闭的地理条件使加拉帕戈斯保留了地球的初始模样。一些在地球其他地方已经灭绝的物种，在这里却生生不息；一些见人就飞、对人避之若浼的鸟儿，在这里却我行我素，根本不把人类当回事；一些原本翱翔蓝天的海鸟，在这里养尊处优地丧失了飞翔的能力；

一些原来在陆地上生活的爬行动物，在这里却学会了海底觅食……徜徉在群岛之间，达尔文感到自己仿佛置身于自然演化的博物馆之中，仿佛回到了远古的洪荒岁月，仿佛穿行于时间隧道，看到了物种的自然演变。

一个多月的考察，达尔文还发现，组成这片群岛的各个小岛虽然环境相似，但生活在各个小岛上的象龟、蜥蜴和雀类却不尽相同。有的象龟的龟壳像倒扣的大锅，有的象龟的龟壳像隆起的马鞍；有的鸟喙短而粗，有的鸟喙细而长……为什么会有如此的不同？细想，上帝不可能为每个小岛创造出不同的物种。唯一的解释是：这些特有的物种都是同一祖先在地理隔绝的条件下演化而成的，是自然对物种的选择。从此，达尔文摒弃了上帝创世说，彻底与上帝挥手"拜拜"了。于是，人们又把加拉帕戈斯称为达尔文"与上帝分手的地方"。

鸟喙的变化让达尔文悟出自然选择的法则

达尔文进一步思考，在自然界里生物为了获得足够的食物和生存空间而互相争斗，在争斗中，具有有利变异的个体容易生存下去，具有不利变异的个体则会被淘汰。他总结出的这一原理，被同一时代的中国启蒙思想家严复概括为简单的八个字："物竞天择，适者生存"。离开加拉帕戈斯 24 年后，1859 年 11 月 24 日达尔文的《物种起源》（*The Origin of Species*）面世，这部鸿篇巨制改变了人们对地球生命的整体理解。达尔文一直坚信加拉帕戈斯是他所有思想的起源，是《物种起源》的源头。

这些从各种媒体上获得的传说和故事，引起了我和丈夫多一对加拉帕戈斯的极大兴趣。古人云："纸上得来终觉浅，绝知此事要躬行。"如果不能身临其境，兴趣只能是书本上肤浅的知识。我们决定到实地走一遭，认真感受一下贝尔兰加大主教的"恐怖"和"绝望"，体验一下达尔文的思辨和睿智，问候一下那些不知"怕"为何物的野生动物，看一下漂浮在赤道上的岛屿到底有多么与众不同。

正当我们紧锣密鼓地筹备加拉帕戈斯之旅时，突然传来了好消息：从 2016 年 3 月 1 日起，赴厄瓜多尔旅游、探亲或从事非营利活动的中国公民可以免签证入境。

这真是一个特大喜讯！要知道，厄瓜多尔曾经是最难办签证的国家之一。在这之前，申请该国签证需要中国公民提交的材料有 18 项之多，而且五花八门，有的项目让人哭笑不得。比如，出生证明、结婚证明、无犯罪证明、国际健康证明、传染病疫苗接种证明、缴税记录、经济担保书、邀请函等。有的证明还要翻译成西班牙文，经公证处公证，由中国外交部和厄瓜多尔领事馆双认证方可生效。最要命的是，有时候后面的公证刚做完，前面提交的材料已过期。现在两国互免旅游签证，这对想走就走的中国游客可谓天大的好事。

一切准备就绪，2017 年 4 月，我们收拾好行囊开始了跨越半个地球的旅行。

为了维持生命，贝尔兰加主教一行曾连续5天食用仙人掌

看着黑黢黢的熔岩滩，贝尔兰加主教把加拉帕戈斯命名为"魔鬼岛"

飞向
加拉帕戈斯

加拉帕戈斯众多的岛屿中，仅4个有人居住。图为人气最旺的圣克鲁斯岛阿约拉港街景

2017年4月8日，由我和多一，还有好朋友乔阳和裴小燕四人组成的小旅行团真正开始了加拉帕戈斯探险之旅。

加拉帕戈斯是坐落于东太平洋的一群孤岛，东西长300多千米，南北宽也300多千米，陆地面积约7900平方千米，海洋保护区为13300平方千米，由19个火山岛和其他大大小小的岛屿以及岩礁组成。这些岛屿零零散散分布在赤道两侧，即西经89°14'—92°01'，北纬1°40'—南纬1°25'的地方。尽管岛屿众多，但有人居住的仅4个，即圣克鲁斯岛（Santa Cruz）、圣克里斯托巴尔岛（San Cristobal）、伊莎贝拉岛（Isabela）和弗洛里安纳岛（Floreana）。

群岛距南美大陆约1000千米，在世界范围内，不论从什么地方出发，都没有直达的航班，必须到厄瓜多尔的第一大城市瓜亚基尔（Guayaquil）转机。为了避免外来物种的侵袭，加拉帕戈斯国家公园（Galapagos National Park）不允许从其他国家和地区一路航行过来的邮轮停靠，所以任何人也都不可能从海上直达。由此看来，到瓜亚基尔转机是唯一通向加拉帕戈斯的路线，真可谓"自古华山一条路"。

飞机从瓜亚基尔国际机场起飞了，我目不转睛地盯着窗外，生怕错过飞经的每一座岛屿。加拉帕戈斯，多么神奇的岛屿！从地图上看，整个群岛就像一串不规则的翡翠和玛瑙，自西向东星星点点地排开，其中最大的岛屿像一只水中游弋的海马，其他岛屿或像一条飘舞的彩练，或像一个缺了口的大锅，或像一只横卧的蚕宝宝，或像一块椭圆形的鹅卵石。它们远离大陆，远离人间，孤零零地漂浮在东太平洋的洋面上，仿佛是一群被上帝遗弃的孤儿。加拉帕戈斯如此孤立，以至于现代人把排斥其他产品、孤立于本土市场的产业现象称为"加拉帕戈斯现象"（Galapagosization）。

大洋深处，怎么会有这样一群孤岛？这些孤岛是怎么形成的？脑海里迅速复习曾经阅读过的资料：地质学家认为，地球的表面由若干板块组成，加拉帕戈斯群岛位于纳斯卡板块（Nazca Plate）的北侧，它的四周有科科斯板块（Cocos Plate）、太平洋板块（Pacific Plate）、南美洲板块（South American Plate）和南极洲板块（Antarctic Plate）。这几大板块不停地朝各自向往的方向移动，它们相互碰撞和撕扯致使海底出现了巨大的裂谷和许多小的断裂。这些裂谷和断裂就是我们今天常说的地球热点（Hotspot）。炽热的岩浆每天都从地心经过热点向外喷射，岩浆不断地涌出、冷却、堆积，经过无数年的日积月累堆积成山，冒出海面成为岛屿和岩礁，加拉帕戈斯群岛就这样形成了。其实，群岛中的诸岛就是各个海底火山的顶部。目前地质学家确认，地球有 40~50 个热点，由热点造就的岛屿还有夏威夷、留尼旺、冰岛等。据考证，加拉帕戈斯群岛形成比较晚，大约距今 400 万—300 万年前。不过，最新的发现似乎把这一传统的说法颠覆了。近期，地质学家发现，群岛最东面的圣克里斯托巴尔岛与厄瓜多尔本土大陆之间有一些被淹没的岛屿，它们曾经也是群岛的一部分，也是热点创造的岛屿。这一发现把加拉帕戈斯群岛形成的年代向前推进了几百万年。

最让人不可思议的是，由于地壳板块的移动，加拉帕戈斯的大小岛屿不断地向东漂移，感觉好像有一条无形的生产传送带，把热点造就的岛屿以每年几厘米的速度由西向东传送。东传的岛屿在自己行进的道路上慢慢地被风化、被侵蚀，体形越来越小，高度越来越低，最后沉没于汪洋大海。由于西部是造岛的基地，所以加拉帕戈斯整个地形呈西高东低的状态。西边的伊莎贝拉岛和费尔南迪纳岛（Fernandina）是整个群岛的高地，岛上有几座1000米以上的高山。东边的埃斯帕诺拉岛（Espanola）和弗洛里安纳岛是群岛的低地，低矮得快要接近海平面了。据考证，在过去的350万年里，埃斯帕诺拉岛向东漂移了160千米。类似的情况还发生在夏威夷，那里的海皇岛链也是这样形成的。加拉帕戈斯令人不可思议的事情远不止这些。比如，位于赤道两侧，却并不让人感到热不可耐；处于热带，却没有热带国家常有的热带雨林；生活在极寒地区的企鹅能在这里安家；比人类诞生还早的象龟、海鬣蜥、陆鬣蜥等物种在这里繁衍生息……种种的"不可思议"，让我对未来15天的探险无限憧憬。

一个多小时的航程很快就要结束，舷窗下面出现了两座非常平坦的岛屿，这显然是南西摩岛（South Seymour Island）和北西摩岛（North Seymour Island）。我们乘坐的飞机平稳地降落在位于南西摩岛的西摩机场（Seymour Airport）。

南西摩岛又称"巴尔特拉岛"（Baltra Island）。此岛位于加拉帕戈斯群岛的中心，距群岛的第二大岛圣克鲁斯仅1000米之遥。也许因为机场建在这儿，所以巴尔特拉岛素有"加拉帕戈斯门户"之称。

西摩机场

我们乘坐的飞机在西摩机场降落

加拉帕戈斯有两个机场，一个是圣克里斯托巴尔岛的巴克里索·莫雷诺机场（Baquerizo Moreno Airport），一个是巴尔特拉岛的西摩机场。

巴尔特拉岛面积很小，只有 27 平方千米，地形出奇地平坦，且无人居住。第二次世界大战时，被美国看中，1941 年美国在此修建了仅有一条 2000 多米长跑道的军用机场，命名"西摩机场"。"二战"结束后，美军于 1946 年撤离，西摩机场回归厄瓜多尔。随着加拉帕戈斯旅游业的迅猛发展，原来唯一民用的巴克里索·莫雷诺机场已经不能满足需求，于是厄瓜多尔政府投资 2100 万美元，把西摩军用机场顺势改造成民用机场。改造后的机场，每天可接纳 8~10 个航班。2013 年 3 月全新的西摩机场正式启用。

一下飞机，3 个白色地标性的大风车就吸引了我的眼球。巴尔特拉岛没有山，没有树，更没有高楼，3 个大风车突兀地矗立在那儿，实在有点显眼，无论何时经过，只要一看见这 3 个大风车就知道自己到了加拉帕戈斯的中心地带。3 个大风车的辛勤劳作，使西摩机场成为世界上第一个生态机场（Galapagos Ecological Airport）。本着一切从简的原则，新机场 80% 的基础设施都用旧机场回收的建筑材料来建设，能源系统全部由太阳能和风能承担。现在的新机场，照明不用华丽的灯饰，完全用自然光；发电不用传统燃料，只靠风能；散热不靠空调，只靠电风扇……"山不厌高，海不厌深"，浩瀚的太平洋有足够的太阳能和风能确保机场用电。

三个大风车承担了西摩机场的全部用电

加拉帕戈斯虽然只是厄瓜多尔的一个行政省，但从本土来到这里，完全不像在同一个国家境内旅行，感觉更像出国。登岛要交国家公园入园费，每人 100 美元。行李要逐一手工检查，以防游客有意无意地带进一些外来物种，比如水果、鲜花等。机场的这一套流程，需要花不少时间，游客没有足够的耐心可不行。

出了机场，一切就显得简单而流畅了许多。所有的游客都由机场提供的大巴送到码头分流，车程只有 5 分钟。之后，游客会被即将入住的酒店、游艇或邮轮工作人员分头接走，开启自己梦寐以求的加拉帕戈斯之旅。几个月前，我们通过旅行社在"银海加拉帕戈斯"（Silver Galapagos）邮轮订购了舱位，到了码头，就有冲锋艇直接送我们登上邮轮。

机场对乘客的行李采用手工检查的方法

离开机场，冲锋艇送游客前往邮轮

看着远处停泊的邮轮，心中充满了无限的向往。未来的两周，我们将会看到什么？听到什么？感受到什么？领悟到什么？虽然一切都是未知，但一切都是可期待的，上天绝不会辜负我们那颗近乎朝圣的心。

"银海加拉帕戈斯"邮轮就是一座海上酒店，我们将在此生活15天

每天离船活动都由冲锋艇接送

加拉帕戈斯国家公园

富兰克林·罗斯福总统的夙愿

在加拉帕戈斯旅游主要有 3 种方式：一是跳岛游，二是游艇环岛游，三是邮轮环岛游。

所谓跳岛游，就是选择住在某个岛上，每天乘船登陆临近的岛屿观赏独特的动物和独特的地貌，下海浮潜或深潜看水下的斑斓世界。这种游览方式比较经济，也比较灵活，但因为船小，时间有限，较远的岛屿难以抵达。跳岛游最大的弊端是非常辛苦，且不说每天往返的劳顿，就说海上风浪的颠簸也不是常人能够连续几天忍受的。所以，只要时间允许，大多数游客还是选择游艇或邮轮环岛游。游艇和邮轮实际就是一个海上酒店，游客的吃、住、学习、游览全由船家安排。游艇和邮轮一般都是夜间航行，白天登岛游览或海上巡游，这样就省去了跳岛游每天往返驻地的时间，可以登陆更多、更远的岛屿。

游艇一般能承载十几位游客，邮轮可承载 100 人左右。邮轮吨位大，航行比较稳，船内设施比较齐全，舒适度也比其他交通工具好。就价格而论，一般游艇比邮轮便宜，但个别超豪华的游艇价格比邮轮贵不少。比如，"格蕾丝号"游艇价格就比邮轮贵，据说它曾是已故摩纳哥王妃格蕾斯·凯利（Grace Kelly）的私人游艇。我和多一都有点儿怕晕船，乔阳和小燕强调要善待自己，所以我们四人选择了乘坐邮轮。

去加拉帕戈斯旅游，除了要选择游岛的方式，还要选择游岛的路线。当然，跳岛游不用预先选择，每天想去哪儿就去哪儿，全凭自己的意愿。一般来说，环岛游有两条路线：一条是东线，一条是西线。东线侧重于观赏鸟类和其他动物，西线侧重于观赏火山和其他类型的地质地貌。去一趟加拉帕戈斯实在太不容易，就算不计旅费的昂贵，一路的辗转颠簸也非常辛苦，考虑到今生今世可能仅此一次，我和多一决定：东线、西线"一网打尽"，既要看加拉帕戈斯独特的动物，也要品味地球的初始模样。乔阳和小燕因时间有限，选择了只走东线。不管选择哪条游岛路线都要早做决定，因为加拉帕戈斯的接待能力有限，每年最多只能接待 20 万人次左右。

对于邮轮，也需要选择，能在加拉帕戈斯国家公园内游弋的邮轮只有几艘，而且它们不能同时都出现在国家公园，所以游客要依据自己出游的时间和邮轮的档期来选择。我们选择了豪华邮轮"银海加拉帕戈斯"（以下简称"银海邮轮"或"邮轮"），邮轮公司号称拥有六星级套房的邮轮，也有人称它为"邮轮界的劳斯莱斯"。除了游客居住的房间，邮轮还设置了按摩室、健身房、图书馆、钢琴酒吧、按摩泳池、探险家活动室、露天烧烤餐厅和室内主餐厅。

银海邮轮的部分设施

温馨的小图书馆

后甲板休闲区

露天烧烤餐厅

我们选乘银海邮轮，除了舒适，还有一个很重要的原因，就是它有高水准的服务。长时间乘邮轮旅游，若没有优质的服务，一切都会变得索然无味。银海邮轮工作人员与乘客人数的比例几乎是1:1，基本能做到有求必应、随叫随到。邮轮对乘客的管理实行管家制，乘客在邮轮上的一切需求都由管家负责。最关键的是，银海邮轮配有一批高素质的探险队员，他们个个都拥有较高的学历，都获得

探险队员为游客讲解加拉帕戈斯地貌

在探险家活动室进行救生训练

了加拉帕戈斯国家公园的资格认证。他们有的是人类学家，有的是海洋生物学家，有的是鸟类学家，有的是地质学家，还有的是博物学家。总之，他们都是各自专业领域的翘楚，对加拉帕戈斯的前世今生都能做到了如指掌、如数家珍。若没有他们的指点和讲解，仅凭出发前做的那点功课，哪能看明白地球沧海桑田的演变，哪能感受到动物适应生存的演化？

邮轮上的生活紧张而有序，几乎没有什么时间让游客发呆。我们登上邮轮时已近中午，入住后，还没来得及喘息，广播就通知游客到三层的探险家活动室进行救生训练。尽管听到通知后我们马上就行动了，可等我们赶到时，室内已座无虚席。我粗略地观察了一下，大约 100 来人，来自中国的只有我们 4 个。见游客基本到齐，主持人便开始讲解如何使用救生衣，遇到险情如何自救等问题。加拉帕戈斯自开展旅游业以来从未发生过沉船事件，但不怕一万就怕万一，每位游客还是很有必要掌握救生的基本方法，"小心驶得万年船"嘛。

接下来是介绍陪同我们登岛和巡游的探险队员，以及邮轮生活的注意事项和加拉帕戈斯国家公园的有关规定。规定一共 14 条，探险队长伊兹瑞尔并没有逐条讲解，而是强调了以下几条：

（1）一定要在持有加拉帕戈斯国家公园导游证的探险队员陪同下参观游览；

（2）一定要在规定的线路上行走；

（3）与动物要保持至少 2 米的距离，不要触碰它们，也不要让它们触碰到你；

（4）不要给动物喂食，喂食会破坏动物自身的社交结构和繁殖习惯；

游客必须在规定的小道上行走

无论是观赏还是拍照，都要与动物保持一定的距离（你能找到图中的海鬣蜥吗？）

（5）不要污损石头；

（6）不能随地扔垃圾；

（7）不要购买任何用岛上动植物制作的纪念品和物品。

伊兹瑞尔特别强调，每次登陆都是一次探险活动，所以大家一定要紧跟探险队员，不要掉队。他代表邮轮承诺，尽可能地带领大家登陆探险；每天保证上下午各安排一次离船活动，包括登陆、巡游、浮潜、深潜、独木舟和皮划艇；每天傍晚组织一次"回顾与预告"报告会，帮助大家回顾当天看到的动物和地貌，介绍第二天活动安排以及有可能看到的动物、植物和地貌；航行中会组织科普讲座，同时还会提供一些邮轮编辑的资料。

所有的讲解和叮嘱结束后便是船长主持的鸡尾酒会。在鸡尾酒会上，船长、酒店经理、探险队长分别做了自我介绍，并说了一些祝福的话。船长还给我们讲了一段关于加拉帕戈斯的佳话。他说，大家能来加拉帕戈斯旅游，还必须感谢一个人，他就是美国第32任总统富兰克林·罗斯福（Franklin Roosevelt）。"二战"期间，为了巴拿马运河的安全，美国在加拉帕戈斯建立了军事基地。不久后，罗斯福总统来此视察，群岛的独特动物给他留下了深刻的印象。他敏锐地意识到，加拉帕戈斯是一个鲜活的生物进化博物馆，它保留了一种非常难得且自成一体的史前世界状态。1944年2月，在给国务卿的备忘录中，罗斯福非常超前地提出，这些岛屿呈现出了动物最古老的形态，因此，应该永久地作为某种形式的国际公园来加以保护。同年4月，他再一次强调说，自己致力于此事已有六七年了，如果国会能够在这个问题上有所建树，他将死而无憾。

不幸的是，罗斯福总统一年后与世长辞，没能看到国家公园的建立。1959年，借助纪念达尔文诞辰150周年的东风，厄瓜多尔第一个国家公园——加拉帕戈斯国家公园成立，罗斯福总统的夙愿终于实现。国家公园建成后，群岛中96.6%的区域划归保护区，仅有3.4%的区域允许人类居住。1978年加拉帕戈斯被联合国教科文组织批准成为世界自然遗产，而且还是《世界遗产名录》（*The World Heritage List*）中遗产编号为"No.1"的世界遗产项目，此后群岛的旅游业便蓬蓬勃勃地发展起来了。

听了这段介绍，我真被罗斯福总统的远见卓识所折服。他那么超前地意识到加拉帕戈斯的价值，意识到保护群岛生态环境的必要性，真不愧为时代伟人、世间豪杰。

晚餐有两种选择，或在室内餐厅吃自助餐，或去五层甲板上的烧烤餐厅吃烧烤。登上邮轮的第一顿晚餐，我们选择了吃烧烤。邮轮上的烧烤食材全都是当天捕捞的海鲜，有龙虾、大白虾、鱿鱼、扇贝……平时我们在国内很少消费的海鲜，在这里倒像是家常便饭随便吃。这真是应了一句我们中国人的俗语：靠山吃山，靠海吃海。

海风徐徐，炊烟袅袅，餐厅里觥筹交错、推杯换盏，大有酒逢知己千杯少的气氛。我和多一虽不喝酒，但这种欢快的气氛也深深地感染了我们，我们以茶代酒，和大家一起大快朵颐。

晚餐后，各自回房间休息。自从登上邮轮，一直忙忙碌碌，没太注意邮轮的行驶状态。洗漱完毕，推开房门，站在室外的小阳台上透透气，此时才感觉到邮轮在飞快地行驶，岛屿、礁石朦朦胧胧地从眼前掠过。今晚，我们要从南半球越过赤道，明天，将在北半球的捷诺维萨岛（Genovesa Island）登陆探险。

精致的晚餐

烤大虾

烤鱼

甜点

邮轮通过火山口的缺口驶入捷诺维萨岛

菲利普亲王
阶梯

4月9日一觉醒来，我们已越过赤道，从南半球的圣克鲁斯岛到达北半球的捷诺维萨岛。赤道，如此神圣的地理位置就这样被我们神不知鬼不觉地穿越了；南半球、北半球，这么宏大的地理概念就这样轻而易举地被我们突破了。在加拉帕戈斯旅游就是这样，从南半球到北半球或从北半球到南半球分分钟都可以完成。

捷诺维萨岛位置图

捷诺维萨岛很小，面积只有14平方千米，在群岛中排第14位。该岛在加拉帕戈斯的东北部，经纬度表述为：北纬00°19'，西经89°57'。捷诺维萨岛原来是一座火山，年轻时，也像其他火山一样巍峨挺拔、雄伟壮丽。然而，再壮美的火山也经不住岁月的考验，再瑰丽的地貌也承受不起经久的风吹日晒。大自然日积月累的侵蚀使它原本碗状的火山口缺失了一块，成为一个破火山口，站在高一点的地方看，整个小岛呈马蹄状。我们的邮轮就是从这个"马蹄"的缺口进入小岛腹地的。

捷诺维萨岛的登陆点是菲利普亲王阶梯（Prince Philip Steps），这是特为英国菲利普亲王1964年造访建造的。阶梯是木质的，共81级台阶，又窄又陡非常简陋。虽然简陋，但没有它，根本不可能登岛，因为岛的边缘都是悬崖峭壁，直直的、陡陡的，找不到一处落脚的地方。真要感谢菲利普亲王，如果他不来访问，可能就没人开山凿壁、铺设阶梯，我们今天也就不可能登上这座百鸟之岛。正是因为陡峭，爬行动物没法攀越崖壁，所以崖壁之上既没有爬行动物，更没有哺乳类动物，只生活着上百万只鸟，是一个纯粹的鸟的王国。

据科学家统计，加拉帕戈斯的鸟类共有186种，其中特有物种的鸟类26种，但常住捷诺维萨岛的鸟到底有多少种，目前还找不到具体的统计数字。其实，对于旅游者来说，有多少种鸟并不重要，大家更在意的是能看到多少野生状态下的特种鸟。

为迎接英国菲利普亲王造访而建造的阶梯

　　捷诺维萨岛真不愧为鸟岛，爬过 81 级台阶，刚登上崖顶就看见小路两边各立着一只大鸟，左边是鼓着红色喉囊的军舰鸟，右边是顾盼自怜的红脚鲣鸟，那阵仗，仿佛是庙宇中的"哼哈"二将。悬崖上空密密麻麻地盘旋着许多鸟，密集的程度大有遮空蔽日之嫌。陪同我们的探险队员海恩好像对眼前的鸟不太感兴趣，只是简短地介绍："悬崖上飞行的鸟大多是叉尾海燕，有叉尾海燕的地方一定会有短耳猫头鹰，请大家跟紧队伍，寻找短耳猫头鹰。"原来，他是想让我们看看在别的岛屿上难得一见的短耳猫头鹰。

　　白天能看到猫头鹰吗？常识告诉我，不论哪一种猫头鹰，它们本能的生活习惯是昼伏夜出，跟蝙蝠一样。但加拉帕戈斯的短耳猫头鹰怎么会夜伏昼出？是什么原因改变了它们的生活习惯？

　　看着我们一头雾水的样子，海恩解释道："没错，生活在任何一个大陆的猫头鹰都是夜行性食肉动物，食物以各种老鼠为主，昆虫、蜥蜴、小鸟之类的动物为辅。然而捷诺维萨岛既没有老鼠，也没有爬行动物，唯一能填饱它们肚子的食物只有鸟类。为了生存，迁徙到这里的短耳猫头鹰只能改变自己的饮食习惯，放弃老鼠、蜥蜴这类铭刻于心的美食，改为海燕、鸣雀等飞禽。捷诺维萨岛的飞禽都是昼出夜伏，短耳猫头鹰如果还是坚持昼伏夜出，势必会因为找不到食物而饿死，残酷的自然环境逼迫它们改变作息，跟海燕、鸣雀一样白天外出，夜晚休息。久而久之，岛上的短耳猫头鹰变成了猫头鹰种群的另类。"这种作息的改变让我再一次感叹"物竞天择，适者生存"的自然法则。

听了海恩的解释，我们都很想一睹短耳猫头鹰的尊容，奈何此物羽毛的颜色为褐色，与悬崖岩石的色彩接近，一时间很难找到。幸亏海恩在长期野外工作中练就了寻找动物的火眼金睛，居然发现远处的岩石堆中有一只。可惜，这只短耳猫头鹰离我们太远，少则也有 100 多米，肉眼不太容易看到。加拉帕戈斯国家公园规定，游客在岛上游览时，不得擅自离开既定的线路。这就意味着，我们不能接近，只能远距离地观看。没办法，我只好按照海恩指示的方位胡乱地按了几下相机快门，回放时，发现居然拍到一张，这真令我如获至宝。

捷诺维萨岛上空飞翔的鸟儿遮天蔽日

短耳猫头鹰是世界上唯一昼出夜伏的猫头鹰

捷诺维萨岛生活着数量众多的纳斯卡鲣鸟和红脚鲣鸟。我们注意到，同是鲣鸟，生活习性却不太相同，有的落脚在悬崖，有的造窝在树梢。这是为什么？海恩说，主要是因为岛屿的地形和环境。初始状态下的加拉帕戈斯熔岩横流，植被稀少，非常荒芜，鸟儿根本找不到树木造窝栖息。纳斯卡鲣鸟是比较早到的鲣鸟，那时的环境真可谓"绕岛三匝，无枝可依"。没有树梢栖息，只好退而求其次地寻

在悬崖上定居的纳斯卡鲣鸟

找相对适合的地方。纳斯卡鲣鸟体形肥大，一般体长为81~92厘米，比红脚鲣鸟和蓝脚鲣鸟都大。肥大的体形不易从平地起飞，需要借助一定的高度。高高的悬崖正好提供了这一地形条件，纳斯卡鲣鸟定居悬崖就成为顺理成章的选择。

红脚鲣鸟是最晚到达加拉帕戈斯的鲣鸟。群岛中的一些岛屿经过无数年的风化、侵蚀，变成了灌木、小树密布的绿色家园，捷诺维萨岛就是其中之一。灌木和小树为红脚鲣鸟提供了良好的栖息环境，红脚鲣鸟无须改变自己，仍然可以像祖先一样择木而息，所以它们选择在树上造窝。

4月的加拉帕戈斯正是鸟儿求偶、孵化、哺育的季节，到处都能看到鸟儿们忙碌的身影。捷诺维萨岛上的纳斯卡鲣鸟最为忙碌，我们一路走来，看到它们忙并快乐着。配好对的，唱歌跳舞做游戏；下了卵的，安安静静地卧地孵化；有了宝宝的，夫妻轮流外出捕食喂养。有幸福就有悲伤，路边不时会看到奄奄一息白

同巢相残是纳斯卡鲣鸟的生存法则

纳斯卡鲣鸟一次会孵化出两只雏鸟

纳斯卡鲣鸟只养育一只雏鸟

被逐出鸟巢的雏鸟奄奄一息

色的雏鸟，没有人搭理，也没有亲鸟来施救。这是怎么回事？据海恩解释，纳斯卡鲣鸟每窝产卵两枚，通常产完第一枚后，相隔6天左右才会产第二枚。所以，当第二只雏鸟破壳而出时，第一只雏鸟已经长得挺大了。纳斯卡鲣鸟有一个非常残酷的生存现象，老大会拼命欺负老二，直到把老二赶出鸟巢。除非老大夭折，否则老二根本无法存活。也就是说，纳斯卡鲣鸟一次虽然孵化出两只雏鸟，但能变为成鸟的只有一只。

海恩的解释不能让我信服，为什么纳斯卡雏鸟的父母对这种同巢相残的情况置若罔闻，不予理会？难道它们在孵化时就决定要舍一保一吗？别的鲣鸟能同时养育两只雏鸟，纳斯卡鲣鸟为什么就不行？也许是严酷的自然环境让它们选择了残忍的生存法则。除了无视老大欺负老二外，身为父母的纳斯卡鲣鸟还是很称职的。产下卵后，它们把卵放在脚掌下，轮流用脚的温度来孵化。43天后雏鸟破壳而出，之后喂养4个月，雏鸟离巢独立，在这一个繁殖季中两只亲鸟都是尽心尽力，倾其所有来哺育雏鸟。

孤独的绿鹭

纳斯卡鲣鸟又名橙嘴蓝脸鲣鸟，这是用它们嘴和脸的颜色命名的。很奇怪，其他鲣鸟都是用脚蹼的颜色来命名，唯独纳斯卡鲣鸟用嘴和脸的颜色来命名。纳斯卡鲣鸟的脚蹼是暗黄色的，感觉称其为"黄脚鲣鸟"更合理一些，不知为什么没有这样给它命名？所有鲣鸟喙的形状都一样，又长又硬又尖，喙的末端还带一点小钩，但它们的颜色却各不相同。纳斯卡鲣鸟的喙是橙黄色的，红脚鲣鸟是淡蓝色的，蓝脚鲣鸟是灰黑色的。如果单论鸟喙，纳斯卡鲣鸟的喙最好看，尤其在阳光下，那种黄色既鲜艳又透亮。纳斯卡鲣鸟的羽毛除飞羽和尾羽外，通体都是雪白的，当它迎着太阳扇动翅膀时，就像天上的神鸟一样美丽。

所有鲣鸟喙的形状都一样，但鸟喙的颜色却各不相同 ———————————————

纳斯卡鲣鸟橙黄色的喙　　　　红脚鲣鸟淡蓝色的喙　　　　蓝脚鲣鸟灰黑色的喙

两个小时的登岛活动很快就结束了，回顾这两个小时的所见：大型的鸟有军舰鸟、红脚鲣鸟、纳斯卡鲣鸟、短耳猫头鹰、褐鹈鹕、绿鹭等，小型的鸟有燕尾鸥、熔岩鸥、叉尾海燕和模仿鸟……

驭风飞翔
军舰鸟

捷诺维萨岛到处是悬崖峭壁，唯独在破火山口的中间有一湾沙滩。虽然达尔文从未来过这里，出于崇敬，当地人还是把这处海湾命名为达尔文湾（Darwin Bay）。4月9日下午，我们登陆了这个充满活力的海湾。这次活动比较随意，大家可以浮潜看海底的热带鱼，也可以沿着沙滩漫步，看看海狮、红石蟹和湾内的海鸟。我和多一都觉得看海鸟的机会难得，决定放弃其他，把时间留给加拉帕戈斯独特的海鸟。

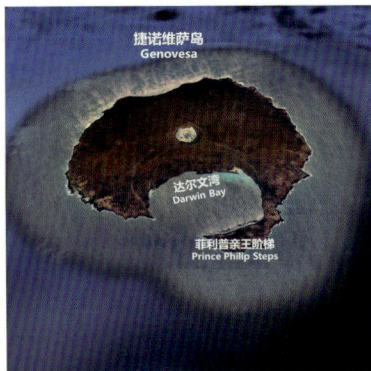

马蹄状的捷诺维萨岛

加拉帕戈斯有很多独特的动物，军舰鸟是其中之一。刚登陆达尔文湾，我们就被一群卧在灌木丛中的军舰鸟惊呆了。上午在崖顶虽然也见过此鸟，但因忙着去找短耳猫头鹰没顾上细看。

灌木丛中的军舰鸟披一身乌黑发亮的羽毛，舒展着一副长长的大翅膀，鼓着一个篮球般大小鲜红的喉囊，发出一阵阵"咕咕"悦耳的叫声。它们在干什么？探险队员海恩告诉我们，鼓着鲜红喉囊的都是雄鸟，它们这么拼命地鼓喉囊，是因为附近有雌鸟出没。可不是嘛，天上有好多军舰鸟在盘旋，那些没有红色喉囊的就是雌鸟。可怜的雄鸟如此渴望被雌鸟相中，以至于把喉囊鼓得如同一个快要撑破的大气球。由于鼓胀，喉囊表皮的血管清晰可见，真担心它们再努力鼓胀，会把喉囊撑破。

第一次目睹动物界这样的求爱方式，让我们感到十分新奇，接下来的一幕更让我们大跌眼镜。一对相亲相爱的军舰鸟正在卿卿我我，冷不丁，另一只雄鸟飞到它们身边。这只"第三者"居然叫板那只"原配"雄鸟，开始时，两只雄鸟只是叽叽咕咕地争吵，后来便大打出手，相互用带钩的喙撞击，撕扯对方的羽毛，还用翅膀拍打对方。军舰鸟的腿细而短，脚爪也不够尖利，唯有既长且带钩的喙是打架的利器。两只鸟喙咔咔的撞击声，我们站在5米之外都能听见。奇怪的是，此时的雌鸟好像没事人似的，在一边不劝也不帮，只是静静地观看，等待"决斗"的结果。打到最后，"第三者"胜了，雌鸟衔来一根树枝递到它嘴边，表示最终选择了这位不速之客，要与它喜结良缘。见雌鸟如此无情，"原配"雄鸟沮丧地收起了喉囊，低下了高昂的头。接下来两只对上眼的军舰鸟开始寻找树枝藤条，搭建温馨鸟巢，开启自己的幸福生活。

空中飞翔的雌性军舰鸟

地上召唤雌鸟的雄性军舰鸟

为了获得雌鸟的青睐，雄性军舰鸟使劲鼓起喉囊

1

2

3

三只鸟的故事

1. 两只相亲相爱的军舰鸟正在卿卿我我

2. 冷不丁来了一只"第三者"，来者不善，两只雄鸟怒目相视

3. 雌鸟冷眼旁观两只雄鸟打斗

4. 两只雄鸟用长而坚硬的喙拼命打斗

4

5."原配"雄鸟败下阵来，难过地低下了头

6.雌鸟衔来树枝作为信物，准备交给胜出者

7.成者为王败者为寇，雌鸟把树枝递给了"第三者"

8.雌鸟和"第三者"开始了幸福生活

没想到军舰鸟这么容易移情别恋，好不容易结成的百年之好就这么轻易地被拆散。比起坚贞不渝的企鹅夫妇、信天翁夫妇，军舰鸟太让人失望了。不过，若把军舰鸟的择偶方式放在物竞天择的生物演化体系中来考量，觉得这也是必然。残酷的自然条件，迫使雌鸟必须选择体格强壮、英勇善战的雄鸟来交配，否则怎能保证自己这一物种延续千秋呢？

驭风飞翔

"你们发现没有，军舰鸟飞行时很少扇动翅膀。"海恩问。是啊，刚登上邮轮我就注意到了。邮轮上空总有些军舰鸟在盘旋，它们舒展着窄而长的翅膀像是睡在空气中，翅膀一动不动。

"这是为什么？"

军舰鸟跟随邮轮飞翔

海恩解释道：军舰鸟是一种非常强悍的鸟，是公认的飞行能手。它们不惧狂风，不畏暴雨，再大的风也奈何不了它。军舰鸟的体形不算大，体长一般在75~110厘米，但翅膀却超级强大，伸展开有2米多长。实际上，军舰鸟的骨骼比它自身的羽毛还要轻，这种生理特征使它们具备了驾驭风的能力。军舰鸟会巧妙地利用气流进行超低能耗的飞行，能借助上升气流爬升到2000多米的高空。如果错过了上升气流，老道的军舰鸟还会钻进积云内，再爬升一个高度。军舰鸟爬升的最高纪录为4120米。听到这里，我突然明白军舰鸟为什么总是跟着邮轮飞，因为邮轮在行进中会产生大量的热气，热气向上走的过程会形成上升流，军舰鸟利用邮轮产生的上升流可以毫不费劲地跨海越洋。

军舰鸟一般以自己的巢穴为中心，在半径为1600千米的范围内飞行，但需要时可以不停歇地飞行4000千米，甚至连续飞行60天。"军舰鸟的续航能力为什么这么强？难道它们不需要睡觉吗？"我再一次请教海恩。

军舰鸟向下俯冲，抢夺褐鹈鹕捕获的食物

　　海恩回答说，科学家研究发现，军舰鸟有个特殊的本领，可以在大脑一半休息一半工作的状态下飞行，甚至大脑完全休息也不影响它们自如翱翔。这就是说，军舰鸟可以半睡半飞，也可以在完全睡眠的状态下飞行。但是，它们回到陆地就要大睡特睡，每天一半的时间都处于睡眠状态。天下竟有这样的奇鸟！借力而上，驭风飞翔，边飞边睡，驰骋万里，我对军舰鸟佩服得五体投地。

　　军舰鸟虽然强悍，但它与军舰有什么关系？为什么会有这么奇怪的名字？

　　原来军舰鸟有个致命的弱点——不能下海捕食，不能像其他海鸟那样，一个猛子扎进海里抓鱼。军舰鸟的羽毛没有油脂，沾了海水就不能飞翔，它们只能靠抢夺别的鸟儿捕获的食物来养活自己，所以人们又称它为"海盗鸟"。需要捕食时，军舰鸟就在空中盘旋，一旦发现口中衔着鱼虾的飞鸟，便猛冲过去，吓得那些海鸟丢下鱼虾落荒而逃，军舰鸟趁机凌空叼住，一口吞下。正是由于这种掠夺性，人们给了它"Frigatebird"的美名。"Frigate"原指中世纪欧洲海盗使用的装有大炮的帆船，随着科技的发展，这种帆船演变成军舰，"军舰鸟"的名字就这样叫开了。

军舰鸟怕水的弱点，成就了它们飞行冠军的霸业。由于翅膀不能沾水，在飞行的途中，如果找不到落脚的地方，就要不停地飞。茫茫大海，并不是哪里都有岛屿，岛屿之间相隔几千千米是常事，军舰鸟若不具备长时间连续飞行和远距离不停歇飞行的能力，就不可能很好地存活下来。时势造英雄，动物界也不例外。

军舰鸟的强悍使它成为捷诺维萨岛上的鸟王，在这里，它们几乎没有天敌，只有它们欺负别的鸟儿的份儿，没有别的鸟儿霸凌它们的可能。所以它们是这个岛上的寿星，据科学家统计，最长寿的军舰鸟能活到16岁。

军舰鸟看似凶狠，但在抚养自己的幼鸟时却温柔得令人动容。军舰鸟每窝只产一枚卵，雌鸟生产后，雌、雄亲鸟共同孵化。四十来天后雏鸟破壳而出，两只亲鸟轮流出海捕食喂养。雌鸟也有喉囊，但它的喉囊不是用于求爱，完全是为了存放食物。在捷诺维萨岛，我们驻足观看了雌鸟喂食幼鸟的过程。军舰鸟幼鸟的体形相当大，与成鸟差不多。幼鸟把自己长长的、带钩的喙放入妈妈的嘴里，妈妈鼓励它把喙伸进自己的喉囊去探取食物，幼鸟的喙越探越深，最后几乎把整个头都伸到了妈妈嘴里，在这过程中，妈妈一直非常努力地张大嘴巴帮助幼鸟取食。我不知道雌鸟的喉囊有多深，也不知道她的喉囊里到底装了多少鱼虾，只知道她在倾其所有给予自己的幼鸟。军舰鸟幼鸟的成长期很长，需要父母喂养一年才能独立生活。在这漫长的一年里，雌、雄亲鸟不断地往返于大海和巢穴之间，无微不至地照料幼鸟，父爱如山、母爱如海不仅存在于人类，也存在于鸟类世界。

看完军舰鸟喂养幼鸟，再看看盘旋于头顶的它们，心中生起一种莫名的敬意。初始的加拉帕戈斯群岛，除了凝结的熔岩，寸草不生，什么生命都没有，所有的动物和植物都是从别的大陆通过不同的途径移居到这里的。加拉帕戈斯远离一切大陆，军舰鸟从别的大陆飞过来要经历多少艰难险阻！它们存活下来又要经历多少磨难！其中的艰险，其中的困苦，想想都叫人不寒而栗。也许正是这些磨难，让军舰鸟练就了强盗的狼性，在加拉帕戈斯浴火重生。

妈妈张开嘴让幼鸟进食

妈妈鼓励幼鸟把喙伸进自己的喉囊

幼鸟几乎把整个头伸进妈妈嘴里探取食物

蓝脚，蓝脚

在一张白纸上画一条横线代表海平面，在横线上画半个圆代表初升的太阳，在半圆外沿画若干条射线代表太阳的光芒，小时候，我就是这样画海上的日出。其实，那个时候的我根本就没见过海上日出，也不知道太阳跃出海面时到底是什么模样，只是有样学样地照葫芦画瓢。不单是我，我的小伙伴们也是这么画的。让我万万没有想到的是，10 日清晨，当我推开房间的大玻璃门时，看到的竟是一

北西摩岛位置图

幅儿时的图画！旭日东升，光芒万丈。太阳还没跳出海面，但一道道的光芒已把整个蓝天染红。看到这幅纯自然的"儿童画"，我的心激动得都要跳出嗓子眼儿。看来，我们小时候画的日出不是凭空瞎画，只要条件许可，纯自然的日出就是这样万丈光芒！

光芒万丈的日出

经过一夜的航行，我们的邮轮又越过赤道，从北半球回到南半球，停靠在了北西摩岛旁边。清晨精彩的日出，让我对即将登陆的岛屿充满了期许。今天有哪些动物会与我们不期而遇呢？

北西摩岛位于南纬 00°23'，西经 90°17'，与南西摩岛隔海相望，但比后者小多了。南西摩岛好歹可以装下一个巴特拉机场，北西摩岛只能用于观光。全岛长 2.1 千米，宽 1.2 千米，面积只有 1.83 平方千米，岛上的最高点为 28 米，是一个非常平坦的岛屿。岛上长满了低矮的灌木，所以这里不仅是海鸟们的乐园，也是爬行动物的乐土。北西摩岛的"常住民"有蓝脚鲣鸟、军舰鸟、陆鬣蜥、熔岩蜥蜴等。

岛上有一条 2000 米的简易步道，游客的观赏活动只能在步道上进行，不得擅自偏离。加拉帕戈斯国家公园做此规定，一是为了保护野生动物不受人类的干扰，二是加强对游客安全的防护。我们都很自觉地沿着步道走，用心寻找自己喜爱的动物。

我最心仪的动物当然是蓝脚鲣鸟。这不仅因为它的颜值，更因为它夸张和炫耀的求偶方式，很多游客都是慕它的美名而来。

蓝脚鲣鸟的体形在鲣鸟里居中，身长 76~84 厘米，体重 1.1~1.5 千克。它身上的色彩似乎反差很大，喙是灰黑色，双翅是深褐色，肚皮是纯白色，双脚是天蓝色，几种不搭的颜色堆砌在一起，不但没让人感到有什么不妥，反而更强化了它呆萌的样子。不可否认，蓝脚鲣鸟颜值最高的部位还是那双鲜艳的蓝色大脚。蓝色大脚的"蓝"来自食物中的类胡萝卜素和胶原蛋白。这两种养分摄入得越充足，脚蹼的颜色就越蓝，但如果这些养分跟不上，脚蹼就会褪色。所以，判断一只蓝脚鲣鸟是否健康，关键看它的脚蹼，脚蹼颜色越蓝说明它越健康。蓝脚鲣鸟择偶也是看脚蹼，如果雌鸟脚蹼不蓝，雄性不会向它求爱，相反，雄性的脚蹼不够蓝，雌性也不会搭理它。

与红脚鲣鸟和纳斯卡鲣鸟不同，蓝脚鲣鸟喜欢挺直腰杆走路。走路时，它们会很夸张地高抬脚，一摇一摆像个马戏团的小丑，简直萌呆了。难怪人们把这种鸟叫"Booby"，英语"Booby"的意思就是小丑、呆子、傻子，所以人们又称它为"小丑鲣鸟"。"丑"也好，"呆"也罢，蓝脚鲣鸟都不失为加拉帕戈斯的名片，是游客最喜欢的鲣鸟。

早就听说蓝脚鲣鸟求偶的方式很浪漫，但要看到它们跳着"蓝脚舞"求偶的过程却不太容易，完全凭运气。登岛后，我们一直寻找这种求爱的鸟儿，可是转了一个小时也没发现一对。难道这个时节蓝脚鲣鸟已经完成它们戏剧性的求偶历程，个个喜结连理、配对成双了？看着海边岩石上站着的成双成对相亲相爱的蓝脚鲣鸟，望着它们玉树临风般的身影，心里直后悔自己没早点来。

正当我们准备打道回府时，探险队员马丁招呼大家赶快回头看。只见一只雄鸟迈着大脚风度翩翩地向这边的灌木丛走来，原来我们身后的石头上站着一只雌鸟。雌鸟昂首挺胸高傲得像公主，雄鸟走到她身边，她很礼貌地与雄鸟碰了一下喙，算是打过招呼了。之后，雄鸟高抬着脚蹼围着雌鸟跳起了"蓝脚舞"，一圈又一圈，非常夸张地秀着自己耀眼的大脚蹼。看到这里，我脑海里突然蹦出"小帅哥""小美女"的称谓，情不自禁地把它们拟人化了。多么可爱的"小帅哥"啊！论身材、论蓝脚都不愧为此类鸟中的俊杰，"小美女"还等什么？还不从石头上跳下来与"小帅哥"共舞？谁知"小美女"好像一点儿都不为之所动，一直高傲地昂着头不予理睬。看样子"小帅哥"没有赢得"小美女"的芳心。唉，"小帅哥"失败了！虽然求爱不成，"小帅哥"仍不失绅士风度，与"小美女"碰了一下喙便静静离去。我从心里为这只"小帅哥"抱不平，为它们无缘相守而感到惋惜。

加拉帕戈斯群岛虽不是蓝脚鲣鸟唯一的聚集地，墨西哥、秘鲁等国的海岸也有，但这里却是它们的最爱，全世界一半以上的蓝脚鲣鸟都生活在加拉帕戈斯。因为在这里，它们几乎没有天敌，就连最有可能对其造成伤害的人类，到了这里对它们也呵护有加。由于呵护，蓝脚鲣鸟不知怕为何物，游人走过，它们置若罔闻，不躲不藏，似乎根本不知道人类会捕之、食之、加害于它们，只把人类视为某种大型动物。

不单是蓝脚鲣鸟，其他生活在加拉帕戈斯的海鸟对人类也一点儿都不设防。面对海鸟的信任，我感到有些愧疚。人类自诞生以来，总以为自己是万物之王，

蓝脚鲣鸟身上几种不搭配的颜色，凸显了它的呆萌

对什么动物都不在乎，对什么动物都敢施暴，对鸟儿的伤害就更不在话下。人类的肆意捕杀，使一些鸟的种群灭绝。非洲毛里求斯的国鸟渡渡鸟（Dodo）就是一个很好的例证，在被人类发现200年后，于1681年灭绝。鸟儿对人类的恐惧已成为一种印记，深深地嵌入它们的记忆，以至于没灭绝的种群对人类非常敏感、非常惧怕，一感觉到有人，马上惊恐地飞走。只有在加拉帕戈斯，我们才能看到鸟儿天生的秉性，感受到人与自然原生的状态。

回来的路上，大家都为那只"小帅哥"求爱失败而感到惋惜，马丁安慰我们说，后面的行程我们还有机会看到蓝脚鲣鸟，没准能够看到雄鸟求偶成功、抱得美人归的过程。希望吧！

"小帅哥"求爱记

1. "我的脚比谁的都蓝！""小美女"呼叫着，希望有"小帅哥"前来求爱

2. "小帅哥"听到呼叫，信心满满地向"小美女"走去

3. "你好！"双方对视问候

4. 碰碰嗦，试探一下

5. "能做我的新娘吗？""小帅哥"低着头怯怯地问

6. 遭到拒绝，"小帅哥"难过地低下了头

岩浆冷却后形成的熔岩滩

主教眼中的
"魔鬼岛"

10 号下午我们将登陆圣地亚哥岛（Santiago Island），观赏地球上非常难得一见的熔岩滩，领教一下 600 多年前让巴拿马主教贝尔兰加惊呼为"魔鬼岛"的地方。熔岩滩是一种熔岩地貌的形态，是岩浆从地壳的断裂处溢出后，沿地面流动冷却、凝固形成的一片平坦地貌。熔岩地貌的形态还有熔岩盖、熔岩丘、熔岩垅岗、熔岩隧道、熔岩堰塞湖等。

沙利文湾位置图

圣地亚哥岛位于南纬 00°15'，西经 90°42'，处于加拉帕戈斯的中心地带，是群岛中的第四大岛。它长 35 千米，宽 22 千米，面积约 585 平方千米，岛上的最高点海拔 907 米。它形成于距今 200 万—150 万年间，在群岛中算是中年岛屿。

与群岛中所有的岛屿一样，圣地亚哥岛也是一座火山岛。从高空俯视，可以看出该岛由两座相连的火山组成。这两座火山的喷发，造就了三处熔岩滩，其中，两处在西北海岸，一处在东南海岸。我们今天下午即将登陆的就是东南海岸的熔岩滩。

圣地亚哥岛的东南端有一个旅游者必须打卡的海湾——沙利文湾（Sullivan Bay），因为这个湾连接了加拉帕戈斯群岛最具有名片效应的两个景点，一个是巴特洛梅岛（Bartolome Islet）的火山锥，另一个就是圣地亚哥岛的熔岩滩。我原以为沙利文湾与其他海湾一样，不过就是一湾清澈的海水，其实不然，站在邮轮上看，沙利文湾确实像一湾清澈的海水，可是当你乘冲锋艇靠近时，就会发现沙利文湾实际是一条窄窄的海峡，圣地亚哥岛在它的西侧，巴特洛梅岛在它的东侧。

用双脚感受一下熔岩滩上凝固的岩浆，是我期待已久的体验。刚走出船舱，排队准备登冲锋艇时，忽然听到有人喊："快看，尖峰石（The Pinnacle Rock）！"顺着那人手指的方向看，果然有一尊顶尖体方的大石头，非常突兀，非常孤傲。没错，那就是"尖峰石"，沙利文湾的地标！看到它，全船的游客就像看到新大陆一样激动。

具有名片效应的沙利文湾

对于尖峰石，我们并不陌生，它是沙利文湾的地标，也是加拉帕戈斯出镜率最高的景观之一。出发前做功课时，已看过无数遍，可是今天看到实景，我和多一仍然感到很兴奋，有一种发现新大陆的感觉。尖峰石给人们留下了太多的想象，大家根据自己的喜好，有人称它为"方尖碑"，有人称它为"教堂石"，也有人形象地把它比喻成"诺亚方舟上的桅杆"，反正说什么就像什么，怎么说都行。在这里，我还是沿用当地人的习惯，称它为"尖峰石"。

圣地亚哥岛是达尔文在加拉帕戈斯登陆的第三座岛屿。从 1835 年 10 月 8 日起，年轻的达尔文在这里考察了 10 天，直到 17 日才离开。不过，当年达尔文登岛时，圣地亚哥岛还是一个有人居住的岛屿，现在已渺无人烟。

历史上，圣地亚哥岛曾经有过两个名字。最初为"詹姆斯岛"（James Island），是以苏格兰国王詹姆斯二世（King James Ⅱ）的名字命名的。后来，为了纪念哥伦布在大航海时期的发现，更名为"圣萨尔瓦多岛"（San Salvador Island），因为哥伦布在加勒比海发现的第一座岛屿是"圣萨尔瓦多岛"。厄瓜多尔共和国成立后，

1832 年，"圣地亚哥岛"成为官方名称。三次命名，展现了三个历史时期的特点："詹姆斯岛"暴露出历史上英国四处扩张、到处殖民的野心；"圣萨尔瓦多岛"记载了厄瓜多尔曾经被西班牙侵占的屈辱；"圣地亚哥岛"则彰显了厄瓜多尔人当家做主的独立意识。

为了避免炎热，邮轮安排我们在下午 4 点登岛探险，可是即便临近黄昏，熔岩滩仍然热不可耐，预报的最高气温是 38℃，登岛后感觉至少有 40℃。刚登岛，还没开始走动，就已汗流浃背。熔岩滩上热气升腾，整个人像是被放在热锅里蒸煮。

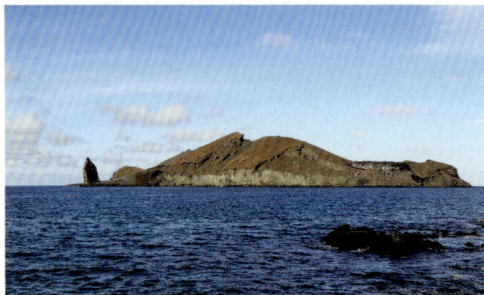

从这个角度看，尖峰石酷似"诺亚方舟上的桅杆"

熔岩滩为什么这么热？看看这里的地貌就知道，海滩到处都是凝固的黑色岩浆，一望无际、铺天盖地！熔岩本身就散热慢，而且又是黑色的。这么大面积的黑色，每天要吸收多少光源，这些光源又会转换成多少热能？所以，熔岩滩比别的地方都热。达尔文对此也是深有感受。他记录道："在这里停留的一个星期里，多数时间都万里无云，不过如果超过一小时不刮信风，就会变得无比炎热……这里的沙子也很热，把温度计放进去，立刻上升到 58℃。这个温度是温度计的上限，也许实际温度还要再高些。"他的感觉是"没有什么地方比这里更荒凉、更可怕，漆黑的岩石被当空的太阳晒得滚烫，空气也因此变得无比闷热，如同烤炉"。

在奔流的岩浆肆虐下，熔岩滩几乎一点儿生命迹象都没有。一眼望去，漆黑一片，没有一棵树、一根草、一抔土，甚至一滴淡水，荒凉得叫人发怵，寂静得叫人恐慌，难怪 1535 年巴拿马主教贝尔兰加到达时，把它形容成地狱，称它为"魔鬼岛"。

我们生活的星球，充满了许多不可思议的现象。熔岩滩虽然死气沉沉，毫无生机，但却是加拉帕戈斯旅游的热点，几乎每位游客都要来这儿打卡。在这里，人人都会获得一生中从未有过的体验，可以看到地球的初始模样，看到开天辟地的鬼斧神工，看到大自然魔幻般的演变，看到走出地老天荒的曙光。这里的熔岩千姿百态，有的像绳索，有的像波纹，有的像树叶，有的像人参，有的像裙摆，还有的像窗幔……俨然一座天然的"熔岩雕塑公园"！凡是你脑海里能搜索出的形象，在这里都能找到相似的模样。面对这些凝固的熔岩，面对这些古老且极具震撼视觉效果的地质景观，你只能感叹没有它们摆不出的造型，只有自己无力表达、语塞词穷的窘迫。

下午陪同我们的探险队员仍然是马丁，他的博学令我折服。许多我们感到无法解释的自然现象，他都能说出个一二三来。

"熔岩滩为什么会出现在海边？"马丁答道："因为海边地势低，流动的液体会向地势低的地方流淌。火山喷出的岩浆就是一种流动的液体，尽管它比水黏稠得多，但也会向着低矮的海边流淌。炽热的岩浆遇到空气和海水就会冷却、凝固、堆积，最终形成熔岩盖，罩在原来的地表上，这个熔岩盖就是我们现在看到的熔岩滩，所以熔岩滩总是出现在海边。加拉帕戈斯的熔岩滩主要有两种形态：一种是渣块熔岩滩，另一种是绳索熔岩滩。"

千姿百态的熔岩造型

像一条条的绳索

像一幅印象派的画作

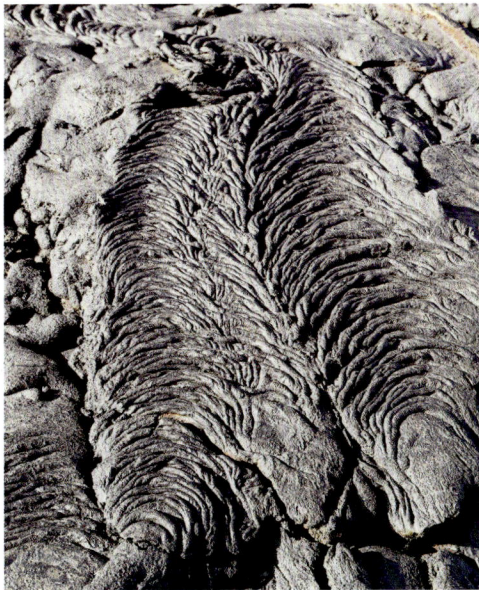

像一片飘落的树叶

"渣块熔岩滩与绳索熔岩滩有什么不同？"多一问。

"如果岩浆快速地从火山口顺着斜坡流下，就会凝固成很多渣块状的熔岩，这些渣块熔岩堆积在海边便形成了渣块熔岩滩。渣块熔岩像碎石一样，棱角分明，有的地方甚至很尖利，双脚踩上去容易被划伤，所以渣块熔岩滩一般不对游客开放。如果岩浆流淌的速度比较慢，便会出现涟漪状的绳索熔岩，进而形成绳索熔岩滩。绳索熔岩滩比较平坦光滑，易于行走，相对安全，允许游客参观的大多是绳索熔岩滩。"

"为什么这里的熔岩造型千奇百怪？"马丁回答说："火山喷发时，岩浆不仅从火山口喷出，同时也会从火山口外侧的裂缝中溢出，形成多条熔岩流。熔岩流遇到空气和海水本来应该冷却下来，可是熔岩流内、外的冷却速度不一样，表层的岩浆冷却后，内部的岩浆还会继续移动。在移动的过程中，内部的岩浆会对表层的岩浆推、挤、拉、拽，熔岩流内外的相互作用，最终使其凝固后出现形态各异、千奇百怪的造型。"

"为什么熔岩滩上有好多空洞？"马丁答道："岩浆从火山裂缝溢出时带有大量的气体，气体挤压到一定程度就会冲破熔岩流的外壳向外冒，你们看到的空洞就是岩浆的出气口。"说完，他指着一块绳索状的熔岩让我们看，在这些"绳索"的"结绳疙瘩"处就有一排空洞，整整齐齐的，好像是有人故意为之。真是好神奇噢！感叹之余，我又觉得其实道理很简单，这就如同我们在家烧开水一样，水温达到沸点，水里的气体就会咕嘟咕嘟地向外冒。

我们边走边聊，突然发现路边有一个赭石色的小丘。

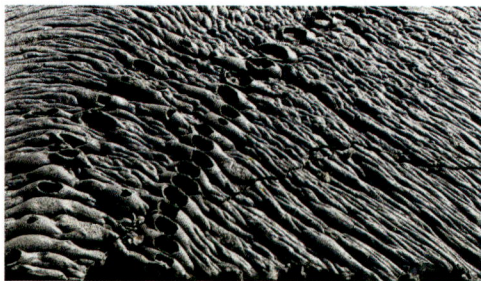

岩浆流淌时的出气口

烟囱状的出气口

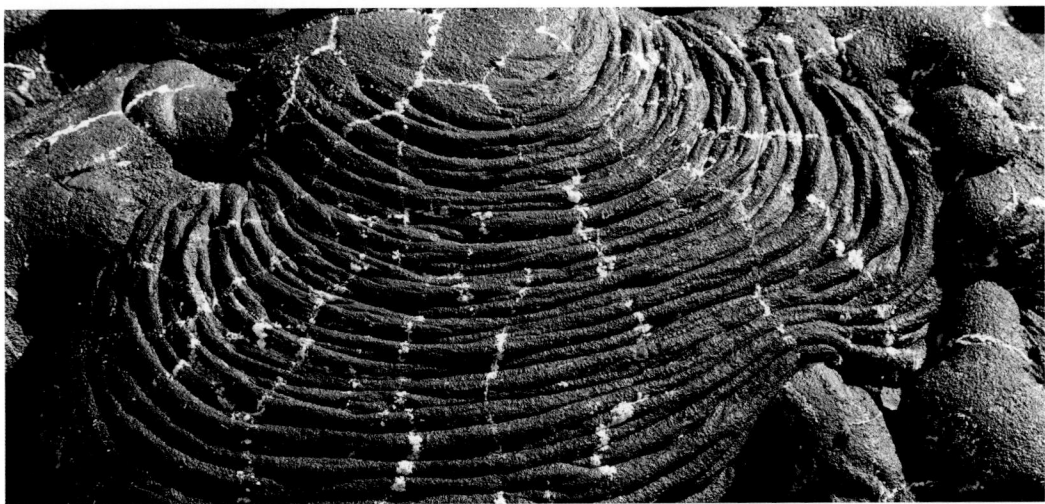

"这是土丘吗？"多一好奇地问。

"没错，是凝固的岩浆风化成的土丘。"马丁肯定地答道。

"岩浆会化为泥土？"我不解地问。

真佩服马丁的耐心，他指着熔岩滩上随处可见的断裂解释说："在这片熔岩滩上到处可以看到大自然破坏的痕迹，到处都有断裂。有些还没断裂的板块上面也出现了白色的线条。这些白色的线条就是快要断裂的信号，不久的将来，熔岩就会从这些白色线条处断裂。大自然的破坏不会因为断裂而罢手，还要继续腐蚀、破坏、风化，直到最后把这些熔岩化为泥土。"

长这么大，我从来没有想过土壤从何而来，土壤有过怎样的前世今生，从来都认为地表覆盖土壤天经地义。今天马丁关于熔岩转化为土壤的讲解让我茅塞顿开，原来我们拥有的土壤并非理所应当，并非轻而易举，它是大自然长期风化的产物，是大自然对地球上一切生灵的恩赐。马丁还向我们解释，从最初的风化开始，根据成土的母质不同，自然界形成一英寸的土壤，少则需要几百年的时间，多则需要上千年、甚至上万年的时间。

人类赖以生存的土壤竟然这么来之不易，竟然这么古老！我突然觉得人类非常浅薄，居然用金钱来衡量土壤的价值，说什么"视金钱如粪土"。"金钱"哪里比得上"粪土"？与粪土相比，金钱真的算不上什么，土壤才是我们人类赖以生存的基础。没有金钱，只要有粪土，人类就能存活；相反，只有金钱而没有粪土，人类一天也活不下去。了解了土壤的成因，我突然对土壤充满了敬畏，从今往后，对土壤不敬的词语将从我的词库里彻底消失。

熔岩从地心喷出到化为泥土，仿佛是一个轮回，又仿佛是一个自然界的凤凰涅槃！此时我脑海里出现了印度教中至高无上的神灵——毗湿奴（Vishnu）。印度教中的毗湿奴犹如佛教中的观音菩萨，无所不在，无所不知，无所不能。毗湿奴是集创造、保护、毁灭于一身的大圣。早几年，我和多一在印度和尼泊尔旅行时，总不理解印度教怎么会诞生出这样一位又创造又毁灭的神？面对熔岩的前世、今生和未来，我突然明白，所谓的"毗湿奴"就是大自然！大自然不就是这样不断地重复创造、保护、毁灭的轮回吗？原来，印度教尊崇的是一种自然力量。

又走了一段，前面好像已无熔岩，似乎走到了熔岩滩的尽头。谁知柳暗花明，经过一小段黄土路后，又看到了凝固的熔岩。不过，这里的熔岩整体状态与海边的不同，不是铺天盖地的覆盖，而是弯弯曲曲的流淌，其状像一条河。

火山爆发时，岩浆顺着土丘向下流，形成了熔岩河

没等我们提问，马丁就说："很简单，熔岩流流到这里没劲儿再往前移动，于是就止步不前了。"说完，他建议大家想象岩浆袭来、自己夺路而逃的状况。这一建议马上得到了响应，大家分别站在熔岩流的尽头，做出各种逃跑状拍照。一时间，欢声笑语响彻了这片死寂的滩地。圣地亚哥岛上火山最近的活动时间是1904—1906年间，这条熔岩河会不会是这段时间形成的？如果是这样，这条熔岩河至少也有100多岁了。

不过，对于地质年代来说，100年也就是一眨眼的工夫，圣地亚哥岛的这片熔岩滩静静地躺在这里，也许已有几万年、几十万年甚至几百万年了。今天马丁从科学的角度给我们解答了许多问题，如果熔岩会说话，它还会告诉我们多少自己的秘密呢？

回到邮轮，已是夕阳坠海晚霞满天。加拉帕戈斯的天空永远是那么透亮，日落永远是那么绚丽。晚餐前，邮轮为乘客准备了一个鸡尾酒会。大家聚集在甲板上，举着酒杯，喝着饮料，晚霞衬托出一个个优雅的倩影，我仿佛穿越了时间隧道，从远古回到了现代，从地老天荒回到了现代文明。

在熔岩河前，游客做逃跑状拍照

对酒当歌，人生几何

红色的沙滩，
红色的岛

我和多一总是醒得很早，4 月 11 日清晨和往常一样，醒来的第一件事就是推开房间阳台的玻璃门看风景。加拉帕戈斯真是一岛一景，每个岛都有别样的风光。今早映入我们眼帘的是暗红色的沙滩和峭壁，沙滩不太大，但也绵延了几百米。这就是著名的红沙滩，世界十大奇特海滩之一的红沙滩吗？赶快找出邮轮为我们编制的行程说明，果不其然，昨晚，银海邮轮已停泊在拉维达岛（Rabida Island）的海域上，我们已经来到举世闻名的"拉维达岛红沙滩"。

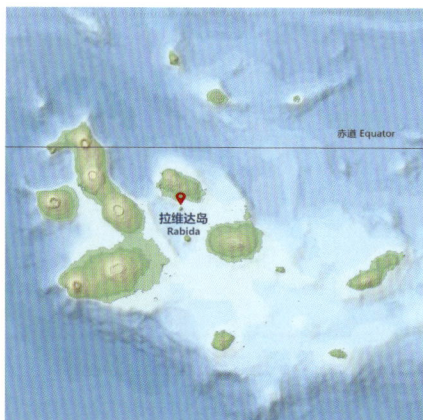

拉维达岛位置图

拉维达岛坐落在圣克鲁斯岛和圣地亚哥岛之间，但更靠近圣地亚哥岛西南侧。它位于南纬 00°24'，西经 90°42'，长 3.3 千米，宽 2.6 千米，面积为 4.9 平方千米，最高点 367 米，是一个无人居住的小岛。

拉维达岛红沙滩的松软度不如我们常见的沙滩，沙土不细，中间还掺杂了一些小石子，但走过还是会留下一串脚印。因为岛太小，一船的人同时登岛会显得拥挤，所以邮轮把游客分成两组，一组先在紧靠沙滩的海面上浮潜，一组跟随探险队员游岛。我们迫不及待地要登岛"打卡"，便选择了先游岛。

如果除去植被，整个拉维达岛都是红色的

海鬣蜥以主人的姿态迎接我们

拉维达岛的"红"岂止是沙滩，整个岛的土质都是红色的。红色的沙滩、红色的土坡、红色的崖壁，如果没有植被将其覆盖，就是一个红彤彤的岛屿。拉维达岛为什么这么"红"？地质学家给出的答案是：该岛由火山喷出富含铁的熔岩沉积而成，而铁氧化后便是红色。拉维达岛是一个盾形火山的峰顶，火山的大部分藏于水下。

一下冲锋艇，就看到海鬣蜥、熔岩蜥蜴、红石蟹在沙滩上凝视我们，好像主人迎接客人一般。是啊，在这个岛上，它们是永久居民，我们则是匆匆过客，它们出门迎客，似乎有点竭诚相待之意。探险队员杰夫集合好队伍，带领大家向岛的深处走去。

这个岛最大的看点是仙人掌，小小的岛上长满了仙人掌，平地、山坡，甚至在悬崖绝壁都有仙人掌。这里的仙人掌高大、挺拔、粗壮、狂野，绝不同于人工养殖的景观仙人掌。仙人掌本来是象龟的美食，有仙人掌的地方就应该有象龟，可是岛上一只也没有，或许200多年前，已被过路的海盗、商贾猎杀殆尽。没有了天敌，拉维达岛上的仙人掌疯长，有的俨然已长成大树，树干粗壮得一个人难以合抱；有的仙人掌叶片挂满枝头，甚至垂落在地。

拉维达岛上长满了粗壮的仙人掌

　　加拉帕戈斯海拔较低的岛屿，气候都是又热又干，终年缺水。仙人掌为什么能在这么恶劣的环境里存活，且枝繁叶茂？带着众多的惊讶，我们细听杰夫的讲解。原来仙人掌有两种根系：一种是浅层的精细根系，作用是吸收雨后的每一滴水；另一种是深层的"龙头"根系，它可以牢牢地抓住岩石和土层，以便吸收更深处的水源。

　　加拉帕戈斯的仙人掌有三大种类：烛台仙人掌（Candelabra cactus）、熔岩仙人掌（Lava cactus）和刺梨仙人掌（Giant prickly pear cactus）。由于各个岛的生态环境不同，在这三大种类之下，又分出许多亚种。烛台仙人掌没有叶片，也没有树干，感觉像是柱状的茎一节一节垒上去的，一节一节的茎可以垒到七八米高，就像高高的蜡烛台。熔岩仙人掌比较少见，只在熔岩地貌中生长，其状态与烛台仙人掌和刺梨仙人掌截然不同。熔岩仙人掌是一种丛生的、矮壮的仙人掌，它的叶片完全演化成带刺的柱状体，这种演化能最大限度地减少水分蒸发。我们眼前的仙人掌是刺梨仙人掌，它是拉维达岛最主要的仙人掌，也是加拉帕戈斯最常见的仙人掌。这种仙人掌最大的特点是叶片呈梨状，两头小中间大，叶片上长满了坚硬的长刺，所以称其为"刺梨仙人掌"。

生长在加拉帕戈斯的仙人掌主要有三种

熔岩仙人掌

烛台仙人掌

刺梨仙人掌

仔细察看，刺梨仙人掌的叶片呈绿色，而且相当大，长约45厘米，宽约32厘米，厚达1.2~2厘米。厚厚的叶片存满了水，在它的帮助下，加拉帕戈斯的许多动物能度过几个月的旱季。刺梨仙人掌帮助的岂止动物，还有人类。1535年，巴拿马主教贝尔兰加一行人在水尽粮绝时，就是靠着仙人掌的叶片一直撑到季风来临的。不过，要食用刺梨仙人掌的叶片也不是那么轻而易举的事，叶片上整齐地排列了几组窠臼，每个窠臼里生长着 2~20根又长又硬像钢针一样的刺，如果没有什么防护措施，一口咬下，可能会把嘴巴的上下颌戳破。所以，这种仙人掌的叶片虽然肥美香甜，但也不能随意采摘。大自然真够神奇的，为了帮助毫无防御能力的刺梨仙人掌更好地生存，竟送给它们如此硬核的武器！

刺梨仙人掌的叶片成熟后，边缘会开出艳丽的小黄花，小黄花会孕育出一个个绿色的小果子，无论是小黄花还是小果子都是鸟儿的最爱。它们吸吮花蕊，啄食果肉，高兴时站在叶片的顶端鸣叫歌唱。如果小果子没被鸟儿啄食，便会生长出新的叶片。仙人掌就是这样，叶片上长叶片，像叠罗汉一样，越叠越高，越叠越大。拉维达岛上的仙人掌给了鸟儿取之不尽用之不竭的美食，所以岛上的鸟儿个个长得圆乎乎、肥嘟嘟的。

杰夫正在非常投入地讲解，一只模仿鸟飞了过来，站在我们眼前的刺梨仙人掌顶端的叶片上，旁若无人，悠然自得地啾啾歌唱。明知有人在，偏向人群飞，我一下又被感动得眼眶湿润，天底下哪有鸟不怕人的地方？除了南极，就是加拉帕戈斯！

模仿鸟又叫"嘲鸫"，是一种鸣禽，其貌不扬，却有嘹亮而婉转的歌喉。达尔

刺梨仙人掌带刺的叶片

鸟儿的美食——仙人掌果

淡黄色的仙人掌花

文曾经这样赞美模仿鸟："它们的歌声可与苇莺相媲美，但比之更响亮。其曼妙婉转的颤音中，还夹杂着几声尖锐的高音。"

能叫会唱的模仿鸟

模仿鸟美妙的歌声，给达尔文的生物演化思想带来了无限的启迪。1835年9月，达尔文登上加拉帕戈斯群岛后，很快就注意到了模仿鸟，把它作为自己从一个岛到另一个岛的考察重点。离开加拉帕戈斯时，他带走了4只在不同岛屿采集的模仿鸟标本，并把这4个标本和其他人采集的标本放在一起进行比对。研究后发现，加拉帕戈斯的模仿鸟与它们在南美洲的同类非常相似，可以推测它们的祖先生活在秘鲁和厄瓜多尔干旱海岸。达尔文在他的巨著《物种起源》中描绘了这样的场景："为数不多的几只鸟从南美洲大陆来到了加拉帕戈斯群岛，它们的后代逐渐繁衍到了各个岛屿上，并适应了各岛屿略微有些不同的环境条件。"加拉帕戈斯的模仿鸟大致相同，但不同岛屿的模仿鸟都会有些细微的区别。比如，鸟喙的长短和形状，胸前和头顶的羽毛，常吃的食物和行为方式等。这些差别使达尔文得出结论："每个变种都专属于其所在的岛屿。"由此，鸟类学家把加拉帕戈斯的模仿鸟分为四种，以它们居住的岛屿加以区别：第一种是加拉帕戈斯模仿鸟，第二种是埃斯帕诺拉模仿鸟，第三种是圣克里斯托巴尔模仿鸟，第四种是弗洛里安纳模仿鸟。很多历史学家认为，比起其他雀鸟，模仿鸟对达尔文的自然选择理论影响更大。

第一种模仿鸟在加拉帕戈斯群岛最常见，除了埃斯帕诺拉、圣克里斯托巴尔和弗洛里安纳3个岛外，其他岛屿均能看到。第二、三、四种模仿鸟只生活在它们专属的岛屿上。其中第三种和第四种都是濒危物种，尤其是第四种——弗洛里安纳模仿鸟，现在仅存150只，是极度濒危的物种。

除了会唱歌，模仿鸟还有一个共同的特点，即尾羽都比别的雀鸟长。我们眼前的这只模仿鸟身长大约25厘米，背部的羽毛褐白相间，胸前的羽毛为白色，腿和爪子都是黑色，长长的喙略有一点弯曲，应该属于加拉帕戈斯模仿鸟。

作为普通游客，我并不关心它们到底属于哪一种模仿鸟，而更关心它们的行为。我喜欢以仙人掌为主食的模仿鸟，喜欢看它们站在仙人掌上的倩影，喜欢听它们在仙人掌枝头上甜美的歌声，更喜欢品味它们把长长的喙探进仙人掌花心中汲取营养时的满足。遗憾的是，并不是所有的模仿鸟都喜欢飞来飞去，不少模仿鸟喜欢在地面踱步，在地面寻找食物，这也许跟它们的饮食习惯有关。模仿鸟是杂食者，昆虫、蜈蚣、腐肉、海鸟蛋甚至熔岩蜥蜴都是它们的美食，这些食物大多在地上，不在树上，所以模仿鸟大有以走代飞的趋势。

模仿鸟大有以走代飞的趋势

悬崖上的仙人掌让人想起黄山的迎客松

　　乘坐冲锋艇返回邮轮的途中，回头再看拉维达岛，悬崖上一棵孤零零的刺梨仙人掌强烈地刺激了我的视觉。不知何年何月，它在红色的崖壁上默默地扎根，默默地生长，默默地开花，最终长成树干粗壮、叶片繁盛、苍翠挺拔的仙人掌。在这期间没人照料，无人呵护，有的只是狂风吹打、烈日蒸烤。难怪人们把仙人掌的花语定义为"坚强"，正是这种坚强，让它在这座荒岛上扎根立足，让它像黄山的迎客松一样迎来送往世界各地的客人。

红树林
建造的伊甸园

11 号下午，我们进行了巡游活动。所谓巡游，就是坐在冲锋艇上看风景、看动物。因为不是所有的岛屿都允许游客登陆，为了生态环境的保护，也为了游客的安全，加拉帕戈斯国家公园规定有些岛屿可以登陆，有些岛屿不可以登陆。对于不可登陆的岛屿，邮轮采取巡游的方式让游客观赏。

今天的巡游地点是圣克鲁斯岛西北侧的伊顿岛（Eden Islet）。有的人

伊顿岛位置图

把"伊顿岛"称为"伊甸园岛"，因为"Eden"译成中文就是"伊甸园"，为了统一，本书岛名全都采用音译。

伊顿岛的坐标是南纬 00°33'，西经 90°32'。此岛非常小，面积只有 0.23 平方千米，最高点也只有 71 米，没有人居住。远远看去，小岛郁郁葱葱、生机勃勃，真像一个海上伊甸园。很难想象，一座火山喷发造就的凝灰岩锥，经过大自然日积月累的侵蚀、风化，从最初的寸草不生，演变成鸟语花香；从初始陡峭嶙峋的岩锥，演变成今天郁郁葱葱的岛屿，整个过程就像凤凰涅槃一样脱胎换骨。当然，这个演变不是一蹴而就的，应该是一个几百万年渐进漫长的过程。

以前总觉得"侵蚀""风化"这类词是贬义词，是破坏某种美好事物的罪魁祸首。而现在，此时此刻，我倒觉得侵蚀、风化没什么不好。没有侵蚀和风化，凝灰岩锥就不可能演变成土壤；没有土壤，植物就不可能扎根；没有植物，鸟儿和小动物就不会来这里安家；没有动植物，小岛就会死气沉沉像个地狱。伊顿岛的巡游让我的认知又一次被颠覆，侵蚀和风化是大自然的神来之笔，是创造万物的必需。

冲锋艇接近伊顿岛时，我们被天上飞的、崖边站的褐鹈鹕和蓝脚鲣鸟所吸引，举着相机狂拍这些大鸟，可探险队员杰夫却让我们把注意力转向崖壁上的红石蟹。因为红石蟹也是加拉帕戈斯的独有物种，也是不容忽视的一种动物。

红石蟹4对细长弯曲的腿能牢牢地抓住凹凸不平的岩石，不论多大的风浪，都能自如地辗转腾挪

挂在崖壁上的红石蟹像熠熠生辉的"红宝石"

当我把目光转向红石蟹时，发现黑色崖壁上排着的红石蟹，就像一颗颗熠熠生辉的红宝石。原来红石蟹这么美丽！红石蟹的抓握能力超强，它们用细细的指尖牢牢地抓住凹凸不平的岩石，任凭巨浪拍岸，胜似闲庭信步。在笔直的崖壁上辗转腾挪，如履平地。难怪有人送给它们一个非常好听的英文名字：莎莉飞毛腿蟹（Sally-lightfoot crab）。

红石蟹的甲壳扁平且带漂亮的花纹，直径一般在8~12厘米。甲壳两侧有4对细长弯曲的腿，头顶有一对钳状的大爪子。别以为那4对细长的腿柔弱无力，其实力大无比。红石蟹凭着4对细长的腿，就能支撑着圆盘状的身体在潮间带觅食。红石蟹身上的颜色并不是单一的红色，它们头顶是黄色，嘴部周边呈天蓝色，指尖呈橘黄色，红石蟹是多彩的。它们处于食物链的底层，主要食物是海藻、海草，有时也会吃海绵、小鱼和一些软体动物、甲壳类动物。正因为处于食物链的底层，它们的天敌很多，章鱼、鳗鱼、猫、鼠和各种鸟类都把它们当作果腹之物。

既然红石蟹天敌这么多，它们应该见到什么动物都躲，尤其是见到比自己大好几倍的动物时。可是我们却看到红石蟹与海鬣蜥共处一块岩石，二者相安无事。这是怎么回事？我忙问杰夫，杰夫笑答："红石蟹虽有很多天敌，但在加拉帕戈斯它们也有好朋友，它们与海鬣蜥能和平相处、互利共生。海鬣蜥经常被蜱虫骚扰，自己却很难清除寄生在身上的蜱虫，而红石蟹素有'清道夫'的美称，它不但能清除岩石上的杂物，也很乐意清除海鬣蜥身上的蜱虫和缠在身上的海藻、海草，所以海鬣蜥非常欢迎红石蟹爬到身上，让红石蟹在饱餐的同时也帮自己解除瘙痒之苦。"听了杰夫的解释，我不禁想起非洲大草原上的红嘴牛椋鸟，这种小鸟常常飞到斑马、野牛和长颈鹿的身上，帮助它们清除寄生的蜱虫。自然界里处处都有这种和平相处、互利共生的和谐。

冲锋艇继续绕岛巡游，一片浓绿稠密的红树林（Mangrove）出现在眼前。红树林虽然是喜盐植物，但在海水环绕的加拉帕戈斯并不多见。围绕在伊顿岛一侧的红树林，树根又粗又长，密密实实地交织在一起，仿佛是一座天然的堤坝，有效地阻挡了海潮的拍打，抗击了风浪的冲击。可以毫不夸张地说，伊顿岛能有今天的鸟语花香，红树林立下了汗马功劳。

伊顿岛的防护墙——红树林

　　红树林虽然称其为"树"，却只有枝干，没有主干，感觉更像灌木。为什么会长成这样？根据杰夫的解释，红树林可能是小乔木，也可能是灌木。伊顿岛上的红树林是灌木，它们没有长成乔木，而发育成灌木，主要原因还是为了与威力无穷的海潮抗衡。伊顿岛上的红树林牺牲了主干的发育，转而让枝干蓬勃生长，因为枝干一方面会长出许多支持根，扎入泥滩以保持植株的稳定，另一方面还会孕育出胚根，胚根跌落到泥沼里能发育出新的植株，新的植株再长出胚根，胚根再发育成植株……这样循环往复，周而复始，红树林就会逐渐形成群落，壮大规模。形成群落的红树林不仅为海洋生物和鸟儿提供了理想的栖息地，还能像一堵厚实的绿色堤坝为岛上的小生灵遮风挡雨。

　　杰夫还让我们讨论，在加拉帕戈斯，为什么红树林只长在几个岛上，而没有遍地开花？大家众说纷纭，我觉得，红树林之所以没能遍地开花，有它的必然性也有它的偶然性。地球热点只能制造岛屿，不能创造生命，加拉帕戈斯诸岛上所有动物和植物都是从别的大陆迁徙过来的。植物学家推断，植物到达加拉帕戈斯主要通过 4 种途径：洋流、气流、鸟类和人类。我觉得，在这 4 种途径中，鸟儿的功劳最大也最有效。鸟儿吃了植物的果实，排出的粪便自然会暗藏着植物的种子，当它们来到加拉帕戈斯，把粪便排在一些岛屿时，植物的种子也自然地播撒在这些岛屿上了。达尔文在加拉帕戈斯考察的时候，就发现鸟儿的粪便里有植物种子。种子遇到适合的环境生根发芽是必然，但鸟儿的光顾纯属偶然，因为鸟儿不会光顾所有的岛屿，这就是红树林不会在加拉帕戈斯遍地开花的原因。鸟儿偶然地光顾了几个岛屿，偶然地把红树林种子播撒到这几个岛屿，这几个岛屿便长出了红树林。在漫长的演化过程中，鸟儿与红树林形成了相互依存的关系。鸟儿为红树林带来了生命和养料，红树林为鸟儿遮风挡雨，提供了一个温馨的家。

胚根入泥，生生不息

　　说到红树林，不禁让我想起一则报道：1986 年我国广西沿海地区遭受了一次历史上罕见的强台风袭击，合浦 398 千米长的海堤被海浪冲垮了 294 千米。剩下的 104 千米没有被冲垮，皆因堤外生长着红树林。台风过后，当地百姓把红树林视为他们的保护神。

　　2004 年 12 月 26 日，印度洋的海啸袭击了周边的 12 个国家和地区，23 万人在这次海啸中丧生，而印度泰米尔纳德邦的一个渔村，虽然距海岸仅几十米，但村里的 172 户人家却毫发无损，究其原因，是靠近渔村的海岸线上长着成片茂密的红树林，这些红树林不仅没有被海啸摧毁，还保护了岸上渔民的生命。

　　贪欲，总会令人做出一些好了伤疤忘了疼的事。需要时，把红树林视为保护神；不需要时，便乱砍乱伐，历史上许多国家都出现过大面积毁害红树林的事件。虽说"不破不立"是自然法则，但破坏一片红树林是何等容易，而恢复或建立一个红树林群落又是何等艰难与不易，失去的红树林可能永远也找不回来了。

伊顿岛的植被比较多样，不仅有茂密的红树林群落，还有烛台仙人掌、刺梨仙人掌、滨藜（Salt bush）、绿檀木林（Palo santo）……不过，这些植物都不太高，整个伊顿岛都没有一棵大树，这是怎么回事？纵观世界邻近赤道的岛屿和国家，大多有茂密的热带雨林或成片的椰林，这里怎么只有灌木、小乔木、仙人掌？

幸好多一昨天中午听了邮轮举办的科普讲座，他现学现卖地告诉我："造成这片群岛没有热带雨林的主要原因是秘鲁寒流。秘鲁寒流把南极洲冰冷的海水源源不断地向北输送，送到赤道附近时与加拉帕戈斯群岛相遇，群岛阻挡了秘鲁寒流的继续北上，于是秘鲁寒流便把群岛团团围住，使其气温降低，雨量减少。高温和多雨是热带雨林生存的必备条件，而加拉帕戈斯缺少的正是这两样，所以热带雨林不可能在这里发育成长。"

原来是秘鲁寒流的作用！难怪我们虽处赤道附近，却没有想象得那么热。小岛屿大世界，一个小岛的变迁展示了宇宙的演变。两个小时的巡游很快就结束了，在返航的冲锋艇上回望伊顿岛，心中平添了无限的感慨。平时总用"沧海桑田"来表述大自然的演变，但真正让我感受沧海桑田演变的只有加拉帕戈斯。

红树林为鸟儿营造了温馨的家园

拯救象龟
在行动

自登上银海邮轮以来，一直在无人居住的岛上活动，每天邂逅的都是从远古走来的动物，看到的是洪荒模样的大地，听到的是鸟儿天籁般的啼鸣，闻到的是黄、白两色花儿的淡淡清香。今天一睁眼就看见了满载集装箱的货轮，看见了停满各种船只的港湾，我们仿佛从鲁滨孙漂流的荒岛回到了人间，回到了自己熟悉的生活环境。

圣克里斯托巴尔岛位置图

经过一夜的航行，4月12日清晨邮轮停靠在加拉帕戈斯的第五大岛——圣克里斯托巴尔岛的巴克里索·莫雷诺港（Puerto Baquerizo Moreno），这里也是加拉帕戈斯首府的所在地。

圣克里斯托巴尔岛位于南纬00°48'，西经89°24'，是加拉帕戈斯最东面的岛屿，也是距厄瓜多尔本土最近的岛屿。它长49千米，宽17千米，面积558平方千米。从地图上看，就像一个萌萌的蚕宝宝斜躺在浩瀚的太平洋上，一头冲东北，一头冲西南，任凭海浪把它推来荡去。

1835年9月16日，26岁的达尔文乘"小猎犬"号来到加拉帕戈斯，首先登陆的就是这座岛屿。他在自己的考察记里写道："17日清晨，我们在查塔姆岛登陆。"当时加拉帕戈斯的各个岛屿都以斯图亚特王朝历代国王和王公贵族的名字命名。比如，圣克里斯托巴尔岛当时就叫"查塔姆岛"，圣地亚哥岛叫"詹姆斯岛"，埃斯帕诺拉岛叫"胡德岛"。斯图亚特王朝曾于1371年到1714年统治苏格兰，并于1603年到1714年同时统治英格兰和爱尔兰。达尔文在岛上考察了6天，直到22日方离开。

圣克里斯托巴尔岛大约在240万年前形成，是加拉帕戈斯群岛中最年长的岛屿之一。也许正是因为"年迈"，圣克里斯托巴尔岛褪去了少年时的不羁、青年时的狂野，岛上的火山不再喷发，熔岩不再奔流，取而代之的是清澈的湖水，肥沃的土壤，茂盛的植被，丰富的物产。1880年厄瓜多尔政府在岛上设立了监狱，把本土犯人运送到这里关押和流放。现在岛上的常住民已达到6000多人，是加拉帕戈斯人口第二多的岛屿。人们在这里修建了港口、机场、公路、街道、村庄、学校……整个岛屿朝气蓬勃，生机盎然，与那些无人居住的荒岛形成了鲜明的对比，难怪有人称它是现代城市与原始栖息地之间平衡发展的典范。

不过，180多年前达尔文登岛时对它却没有好印象。他说："这座小岛和其他岛一样轮廓呈圆形，山势起伏，到处都是火山口喷发的残留物质，初看过去，给人一种不舒服的感觉。"如果达尔文能看到圣克里斯托巴尔岛今天的模样，定会感叹"当惊世界殊"。

在圣克里斯托巴尔岛游览的重头戏是参观大卫·罗德里格斯陆龟养育中心（Centro De Crianza De Tortugas Terrestres David Rodriguez）。该养育中心建在岛上的一处高地，登岛后，大巴车直接把我们送到那儿。

加拉帕戈斯以生活着世界上最大的陆龟而著称，这些陆龟身长约1.5米，最长的能达到1.8米；体重一般在250千克以上，最重的能达到700千克。因其四肢粗壮得似大象的腿在汉语中被称为"象龟"，因其体形超大在英语中被称为"巨龟"（Giant tortoise），我还是愿意按照汉语的习惯称之为"象龟"。

大卫·罗德里格斯陆龟养育中心

象龟是陆地上寿命最长的动物，不出意外大多能活到100岁以上。吉尼斯世界纪录曾经认证了一只世界最年长的、名叫"哈里特"的象龟，它生于1830年，卒于2006年，活了176岁。

加拉帕戈斯的三种象龟

鞍背龟

圆背龟

居中龟

加拉帕戈斯的象龟大致分三种：一种是鞍背龟（Saddle-backed tortoise），一种是圆背龟（Dome-shaped tortoise），还有一种是居中龟（Intermediate tortoise）。区别三种象龟，主要看龟壳。顾名思义，鞍背龟的龟壳前端高高地翘起，像西班牙式的马鞍；圆背龟的龟壳中间隆起，像个倒扣的大铁锅，龟壳边缘齐齐整整；居中龟的龟壳介乎于上述两种象龟之间，龟壳的前端有一点开口，并微微翘起。我们在陆龟养育中心看到的主要是圆背龟和居中龟。

象龟在加拉帕戈斯的前世今生中都占据着举足轻重的地位。它是该群岛最古老的物种之一，距今2000万至1000万年前就来到了这里，并在各个岛屿走上了独立演化的道路。它们的演化为达尔文的自然选择法则提供了可靠的证据。

加拉帕戈斯曾经拥有众多的象龟

人类未踏足之前，加拉帕戈斯的各个岛屿遍布野生象龟，数量多得足以让人们用"龟岛"来命名这个群岛。达尔文登岛时曾经这样描述象龟之多："我认为，群岛的所有岛屿都有这种动物，而且数量众多。它们经常出没于潮湿的高地，不过在干燥的低地也能看到它们的身影。"据科学家统计，加拉帕戈斯曾经有250000只象龟，但是到了20世纪中后期，就只剩下15000只了。原来加拉帕戈斯的象龟有15个亚种，灭绝了4种，现在只剩11种。象龟已成为濒临物种，无论哪一个亚种数量都很稀少。

象龟数量骤减的原因是人类无度的猎杀和外来物种的伤害。导致象龟被大量猎杀的第一原因是它们的"味美"，所有品尝过象龟肉的人对此都大唱赞歌。最早用文字谈论象龟美味的是海盗威廉·丹皮尔（William Dampier）。1697年，他在日记中写道："它们很肥硕，而且如此甜美，没有什么肉吃起来比这更可口了。"1813年，美国一位护卫舰的舰长大卫·波特（David Porter）饱餐后评价说："尽管它们的外表丑陋、令人嫌恶，但没有动物能够像它们一样提供如此健康、甘美和可口的食物。"

早期登岛的船员对象龟大肆掠杀

遍地的龟壳告诉我们，人类曾经在这里对象龟进行过肆无忌惮的屠杀

　　另外，象龟体内有丰厚的油脂，每只象龟的身体中可以提炼出 10~12 磅。在过去的 300 年间，路经此地的海盗和船员都把象龟油脂作为黄油的替代品，而且对油脂的味道赞不绝口。前面提到的海盗丹皮尔说，他们把象龟油"作为黄油的替代品，与油炸面团或水果布丁一起吃"。舰长大卫·波特也记载："这种油脂与我们最好的黄油颜色一样黄，而且味道比猪油更加香甜。"

看！象龟的四肢多似大象的腿

象龟只喝淡水，哪怕是一个小水坑，也不辞辛苦去寻找

象龟脖子底部有一个袋子，能储存 2 加仑的淡水。猎杀一只象龟，就等于获得 2 加仑的淡水，这对于两三百年前到达加拉帕戈斯的任何人，都是比金子还珍贵的生活资源。

正因为象龟体内储存了如此多的油脂和水分，它们才可以在不吃不喝的情况下存活一年以上。不曾想，象龟的这一生理特征居然使它们成为海盗、船员和捕鲸者补充给养的最佳选择，也成为被捕捉最自然的理由。在一个冰箱还没有面世的年代，对于航海者来说，象龟就是上天的恩赐。16—19 世纪无论哪艘船在加拉帕戈斯停靠，水手们都会扛几十只甚至几百只象龟到船上以备不时之需。就连达尔文当年乘坐的"小猎犬"号离开加拉帕戈斯时也不例外。20 世纪 20 年代，纽约水族馆的馆长查尔斯·汤森（Charles Townsend）曾对人类猎杀象龟的行为做过研究。他举例说，有一艘船的船员用了 5 天的时间从埃斯帕诺拉岛和弗洛里安纳岛捕捉了 335 只象龟，另一艘船 9 天内在弗洛里安纳岛捕捉了 350 只，前面提到的那位大卫·波特舰长在圣克里斯托巴尔岛登陆后，和船员只用 4 天的时间就捕捉了500只象龟运到船上。据统计，仅仅在1830年，来自美洲的捕鲸船捕捉了至少10万只象龟。这些数据令人感到毛骨悚然、心惊肉跳。人类啊！怎么能这样贪婪，怎么能这样肆意挥霍大自然的恩赐？

象龟不仅为海盗、船员和捕鲸者提供了优质蛋白，还为他们寻找淡水提供了捷径。象龟只喝淡水，不喝海水。为了寻找淡水，它们往往要跋山涉水，爬行几千米，由于身体太重，象龟爬行过的地方会留下一条路径。300多年来，登岛的人顺着象龟爬行的路径找到淡水，解决了生存的基本问题。如果没有象龟的指引，无论是海盗还是捕鲸者，在荒岛上不饿死也会渴死。对于象龟的给予，海盗、船员和捕鲸者不但不感恩，反而对它们进行了灭绝式的捕杀，真是恩将仇报！

象龟数量骤减还有另一个原因，就是外来物种的侵害。加拉帕戈斯被世人知晓后，人们不仅登岛捕杀象龟，还把山羊、老鼠、猫、狗等家养动物带到了岛上。家养动物的入侵，过度消耗了岛上的生态资源，打破了岛屿原有的生态平衡，无情地摧毁了象龟的栖息地。山羊啃食植被，使一些岛屿植被的生长失去了可持续性；老鼠偷吃象龟产的蛋和刚孵化出的幼龟，使一些岛屿很长时间没有顺利成长的青少年象龟个体。

陆龟养育中心工作人员收集的象龟蛋

为了拯救这一古老的物种，加拉帕戈斯国家公园从1965年开始，相继在几个岛屿成立了象龟养育中心，大卫·罗德里格斯陆龟养育中心就是其中一个。该养育中心的主要任务是帮助象龟繁殖生长。工作人员从象龟筑巢的地方收集受到危害的龟蛋，然后把龟蛋放到保温箱里孵化，幼龟破壳而出后，便把它们放进大铁笼子里喂养。待幼龟长到5~10岁，天敌奈何不了它们时再放归自然。当然，放归自然也

为了提高成活率，养育中心把刚孵化出来的幼龟放在笼子里喂养

不是随随便便地放，一般都遵循从哪里来到哪里去的原则。比如，属于平松岛（Pinzon Island）血统的幼龟，长大后便放归平松岛，属于埃斯帕诺拉岛血统的幼龟，长大后会放归埃斯帕诺拉岛。

除此之外，加拉帕戈斯国家公园管理处还大力捕杀入侵的外来动物，仅20世纪70年代就射杀了4万多头山羊，到2011年山羊基本灭绝。

在养育中心生活的象龟非常幸福，不愁吃不愁喝，不用爬很远的路程找水喝，也不用拼命去够食仙人掌叶，饲养员会定时给它们投放食物。不过在这里，食物不是仙人掌叶，而是象耳叶、绿苹果（有毒，人不能食）、番石榴等。当然，这些植物远比仙人掌叶好吃得多。

象龟的美食

绿苹果

象耳叶

番石榴

在争夺交配权的问题上，象龟从不含糊

我们参观时，正赶上饲养员在固定的地方投放象耳叶。不一会儿的工夫，散居在养育中心各处的成年象龟都爬了过来。我一直认为象龟秉性温和，与世无争，但在这里却看到了它们争强好斗的一面。两只象龟为了争夺交配权而交恶，它们彼此怒目相视，伸长脖子用头互相碰撞，几个回合下来，仍然不肯把脖子缩回去。饲养员见状也不劝架，随它们打斗。我虽然担心它们会受伤，但转念一想，觉得这样也好，放任它们斗一斗，在争斗的过程中练出一些野性，以后放归自然时就会少受别的动物欺负。

象龟保育计划的实施，成功地拯救了一些濒临灭绝的象龟种群，使加拉帕戈斯象龟数量得到了显著的增长。我常想，如果这里的国家公园不实施象龟保护计划，任随象龟消失和灭绝，加拉帕戈斯群岛还能称之为"加拉帕戈斯"吗？谁都知道，加拉帕戈斯群岛之所以能冠之以"加拉帕戈斯"，是因为这座群岛上曾经生活着许许多多的象龟，而象龟在西班牙语中的发音就是"加拉帕戈斯"。

从象龟养育中心出来，我和多一去找有关达尔文登岛的历史痕迹。很遗憾，一点儿也没找到。尽管没有痕迹，但加拉帕戈斯人不会忘记他，圣克里斯托巴尔岛的居民更以他首登此岛为自豪。港口不远处有一个小广场，广场的中心立了一尊青年达尔文的半身铜像，因为达尔文登岛时年仅26岁。铜像塑造的达尔文风华正茂，神态平和，温文尔雅，目光深邃，才思敏捷，仿佛正在穿越时空，洞悉万事万物

广场中的达尔文雕像

圣克里斯托巴尔岛的达尔文广场

的演变。铜像下有几行西班牙文刻写的碑文："查尔斯·达尔文于 1835 年 9 月 17 日来到圣克里斯托巴尔岛，他在加拉帕戈斯的经历促进了自然选择和物种演化理论的形成，这些理论促使我们对世界的认识发生了根本性的改变。2009 年 2 月 12 日，厄瓜多尔文化部和圣克里斯托巴尔岛政府特立此碑作为纪念他诞辰 200 周年的献礼。"

回到港口，发现几个团友和随队的探险队员从一家名叫"卡萨布兰卡"（Casa Blanca）的咖啡馆出来。一打听才知道，圣克里斯托巴尔岛上盛产咖啡、甘蔗、木薯等农作物，其中咖啡被公认是世界品质最好的之一。对于加拉帕戈斯来说，咖啡是外来物种，1870 年前后才被人带到岛上种植。难能可贵的是，150 年过去了，加拉帕戈斯咖啡仍然产于最初的原种——古老的波旁种，这也是加拉帕戈斯咖啡获得世人青睐的一个原因。看来，我出行前功课做得还是不细，错过了就地品尝加拉帕戈斯高品质咖啡的机会。

占艇为王的海狮

除了象龟，圣克里斯托巴尔岛的海狮也很招人喜欢，它们聚集在巴克里索·莫雷诺港的海岸边。港口附近海域适合海狮食用的饵料非常丰富，鱼、蚌、乌贼、海蜇应有尽有，所以这里聚集了大约1000头海狮。

加拉帕戈斯海狮是群岛特有的动物，在我看来，也是一种"人来疯"的动物，哪儿人多它们去哪儿，哪儿舒服它们躺哪儿。从达尔文广场回来，离返回邮轮还有点儿时间，趁机好好看看在港口"占艇为王"的海狮。

巴克里索·莫雷诺港有一个栈桥，栈桥两侧聚集了许多海狮。栈桥东侧有一处下水的台阶，居然被几头海狮全部霸占。每头海狮占一个台阶，"禁止"行人通过，大有横行霸道的架势。海狮的行为令人想起武侠小说中土匪常说的一句话："此山是我开，此树是我栽，要想从此过，留下买路钱！"其实，这几头海狮还不是最过分的，最过分的是那些占据别人冲锋艇还不知"悔改"的。栈桥旁停靠的几艘冲锋艇一个不落地都被海狮据为己有，它们躺在艇里舒舒服服睡大觉，根本不在乎冲锋艇是不是自己的。听到游客的议论，还不满意地

巴克里索·莫雷诺港位置图

横行霸道

冲着游客大吼。更有甚者，个别海狮还会爬到居民家里，骚扰居民。在这里，海狮就是老大，谁都得让它们三分。

占艇为王

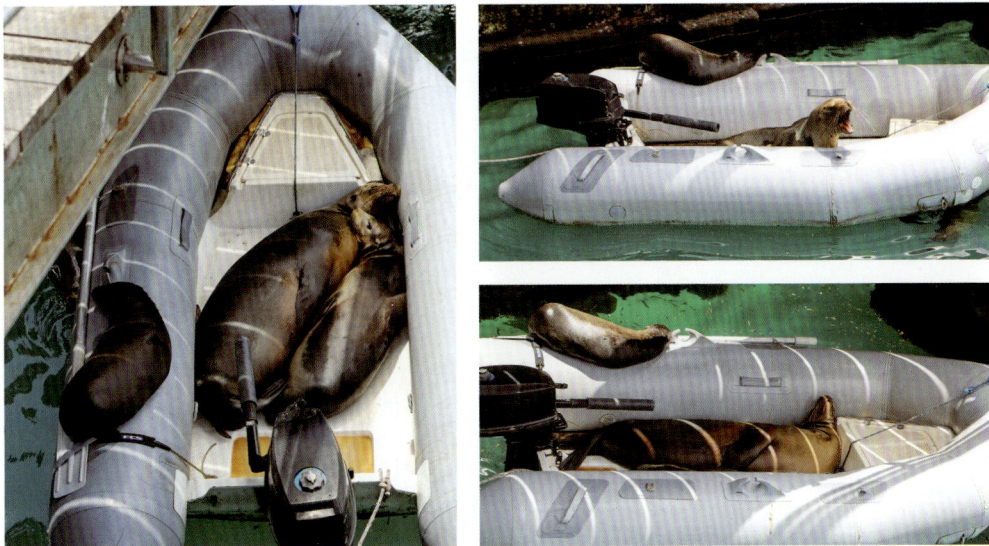

生活在巴克里索·莫雷诺港的海狮并不都是这么霸道，在栈桥西侧的海狮就比较文明。它们很少扰民，也没有侵占别人的冲锋艇，只是待在自己的地盘里做着自己该做的事。海狮是群居动物，也是比较社会化的动物。一个海狮群里只有一头雄海狮，它能统领五到二十几头雌海狮。相比于其他哺乳动物，海狮还是较温顺的，但是为了争夺交配权，雄海狮也会打得头破血流。任何一头雄海狮至高无上的王位都坐不长，一般只能统领几个月，"任职期间"还是会尽职尽责守护自己群里的雌海狮和海狮宝宝。

栈桥西侧的海狮群里有不少海狮宝宝，它们或依偎在妈妈的身边，吸吮着营养丰富的乳汁，或随妈妈下海，学习觅食谋生的技巧。海狮的哺乳期比较长，一般需要 2~3 年。哺乳期间，海狮妈妈经常要下海捕食，这时海狮群就会留下一只海狮妈妈照顾族群里所有的宝宝，此时的海狮群如同一所幼儿园。海狮妈妈捕食回来，通过呼叫和嗅闻气味寻找自己的小宝宝。

躺在水里照样可以哺育

  每只海狮不论大小都有与众不同的叫声和与众不同的气味，凭借着这些不同，它们很容易彼此相认。所以登陆前，探险队员一个劲儿地叮嘱我们，千万不能触摸海狮宝宝，人的触摸会使海狮宝宝身上产生异味，海狮宝宝的体味变了，海狮妈妈就无法识别自己的小宝宝，游客触摸海狮宝宝最终会导致它们被妈妈抛弃。失去了妈妈的乳汁，海狮宝宝很难存活。

  海狮宝宝的恋母情结比较重，哺乳期结束还要依赖母亲生活，还需要更多的时间才能自立门户。科学家研究发现，雄性海狮宝宝比雌性海狮宝宝更依赖妈妈，留在妈妈身边的时间几乎是雌性的两倍。一般来说，雌性需要 3~4 年，雄性需要 7~10 年。海狮宝宝寸步不离地跟随着妈妈，就像人类的幼儿拽着妈妈的衣襟形影相随。其实，雌、雄宝宝的成长发育是一样的。雄性宝宝个个都是"宅男"，长到 40 千克仍不肯下海捕食，仍然坐等妈妈回来喂食。这是为什么？科学家虽然发现了差异，却无法解释造成差异的原因。

"妈妈，你在哪儿？"小海狮找妈妈

跟妈妈一起下海

有耳朵的是海狮

没耳朵的是海豹（南极威德尔海豹）

　　原来我以为加拉帕戈斯海狮与生活在世界各地的海豹是一回事，只是称呼不同。到了加拉帕戈斯才知道，其实是两码事。海狮有耳朵，海豹没有耳朵，只有耳洞。

　　全世界的海狮有5属7种，加拉帕戈斯海狮是最小的一种，雄性体长150厘米左右，体重60~68千克；雌性体长130厘米左右，体重21~33千克。最大的北海海狮体长能达350厘米，体重能达1000千克。相比之下，加拉帕戈斯海狮真是海狮中里的小弟弟、小妹妹了。海狮是鳍足类动物，在沙滩上，海狮要用前鳍带动后鳍挪步，显得笨拙，可是，一旦进入大海，海狮就会完全变成另外一个样。它们用前鳍划水，后鳍掌舵，柔韧的纺锤形肢体左右摇摆，上下翻动，动作极其协调，仿佛是一条条美人鱼。

享受海洋

海狮大脑发达，柔韧度超强

　　海狮与海豚一样，也是从陆地返回海洋生活的物种，大脑发达，较易驯化。被驯化的海狮会根据驯养师的指令做出许多高难度的动作，比如倒立、打滚、顶皮球、转呼啦圈、走太空步、跳水上芭蕾……我国不少地方的海洋馆和水上世界都有海狮表演。每当我看到这样的表演，心里都有许多的不忍。海狮不是天生的"杂耍演员"，要学会这些高难度的动作，不知要经历多少残酷的训练。人啊人！怎能为了满足自己的好奇和娱乐，剥夺其他动物的自由和天性？

　　告别巴克里索·莫雷诺港的海狮回到邮轮，回想那些海狮的霸道行为，心里仍然忍俊不禁。加拉帕戈斯海狮真是太幸福了，吃得好、睡得好，可以横行霸道，可以占山为王，可以"鱼肉乡里"，可以为所欲为，在这片广袤的海域里，可以无忧无虑地繁衍生息，传宗接代。尽管加拉帕戈斯人对海狮呵护有加，宠得它们无法无天，但大自然却并不在乎，厄尔尼诺袭来时，它们也难逃厄运。在过去的30年，加拉帕戈斯海狮减少了50%。不过现在数量基本稳定。

浪漫皮特角

邮轮驶离巴克里索·莫雷诺港，全速开向圣克里斯托巴尔岛东北侧的皮特角（Punta Pitt），到达时已近黄昏。

皮特角是两个火山口形成的高地。登岛后，探险队员乔治没带我们直接攀登，而是让我们仔细观察一下沙滩。皮特角的沙滩很小，长不过100米，宽不过十几米，与别的沙滩没什么两样，但是乔治让我们仔细观察，肯定是因为它有与众不同的地方。乔治捧起一抔沙子让我们看，这沙子不白、不黄，微微泛着绿色，难道这是绿沙滩吗？走南闯北我也见过不少沙滩，白沙滩、黄沙滩、黑沙滩、红沙滩，唯独没见过绿沙滩，皮特岛真让我长见识了！

皮特角的绿沙滩鲜为人知，我查阅了许多资料对它都没有记载，世人只知夏威夷和关岛各有一处绿沙滩，无人知晓加拉帕戈斯还有一处。关于绿沙滩的成因，百度百科这样介绍：火山活动制造出绿色橄榄石，散落在海滩的橄榄石经过海水的侵蚀和摩擦，被一点点地磨成细沙，于是便诞生了绿沙滩。不知道皮特角绿沙滩的成因是否也如此？

我们登陆的绿沙滩实际是一个火山口的底部，离开绿沙滩，乔治带我们沿着一条十分陡峭的山路攀爬。计划是爬到山顶看皮特角海湾的全景，可是一路上处于不同生活状态的蓝脚鲣鸟不断地出现在我们眼前，撩得我们忍不住驻足观看。

我原以为蓝脚鲣鸟只在平坦的岛屿上生活，今天的所见颠覆了我的认知。皮特角几乎没有什么平地，蓝脚鲣鸟却星星点点地到处都有。事实上，蓝脚鲣鸟的适应性极强，只要有一小块平地能让它产卵孵蛋，它就会在这里安家。

登陆皮特角

泛着微微绿色的沙

刚产下两枚蛋的蓝脚鲣鸟不断地高声吆喝

　　突然，乔治示意我们不要说话，保持安静，好戏就要开始。只见一只雄性蓝脚鲣鸟朝我们这边走来，原来，离我们不远处有一只雌鸟。雄鸟高抬着蓝色大脚，左一脚右一脚地向雌鸟走去，雌鸟不但不扭捏作态，反而转身迎上前去，显然，雌鸟相中了这只雄鸟。两只鸟儿相遇先用长喙相互碰撞，示好安抚，然后雄鸟伸长脖子，鸟喙朝天，扇动翅膀发出鸣叫，雌鸟随后也做出了相同的动作。这一仪式感极强的动作引起了我的好奇，便悄声问乔治："这是什么意思？""这是'指天誓日'，相当于我们人类的'对天发誓''海誓山盟'，"乔治回答。真有意思，动物也有忠贞不渝的爱的表白！它们心中想的可能也是"愿得一心人，白头不相离"。

　　指天誓日的仪式结束后，它俩俯身在地上找石子。找石子干吗？乔治悄声告诉我们，那是信物，交换了信物就算定下终身。果然，交换完石子，两只鸟儿愉快地跳起舞来。雄鸟好像是领舞的，雄鸟扇动翅膀，雌鸟展翅飞扬；雄鸟抬脚转圈，雌鸟亦步亦趋；雄鸟仰头长啸，雌鸟也引吭高歌，两只鸟儿唱歌跳舞好不快乐。它俩跳得如癫如狂，我们看得如醉如痴。传说中的"蓝脚舞"，我们今天有幸目睹！前两天在北西摩岛的遗憾算是弥补了。在北西摩岛我们看到的是一只雄鸟求偶的失败，今天看到的是一对鲣鸟喜结良缘。

1. 雄鸟迈着大步兴冲冲地走过来
2. 雌鸟美滋滋地迎上去
3. 碰喙示好
4. 山盟海誓
5. 寻找信物
6. 翩翩起舞
7. "夫妻"双双把家还

雌鸟用粪便划出地盘开始孵化

雏鸟出世

雌鸟吐出自己口中的鱼喂养雏鸟

4月是加拉帕格斯的雨季，也是蓝脚鲣鸟们交配、哺育的季节，此时，虽然有的蓝脚鲣鸟还在为寻找配偶而忙碌，但更多的已进入孵化和哺育阶段。皮特角上就有不少正在孵化和正在哺育的蓝脚鲣鸟。

雌鸟一次最多下两个蛋，下完后，它们会用白色的粪便在周围画个大圈宣示自己的地盘，然后在大圈的中间刨个坑，双脚抱住自己产下的蛋就孵起来。41~45天后，宝宝出世。50多天后，雏鸟长出一身白色的绒毛。此后，爸爸妈妈开始教它们走路、飞翔、捕食。100多天后，小蓝脚鲣鸟羽翼丰满就可以独立生活了。在这期间，身为父母的蓝脚鲣鸟需要轮流出海捕食，共同抚养宝宝。

雏鸟学步

蓝脚鲣鸟出海捕食充满凶险。它们一般在距海面 10~30 米的空中飞行寻找食物，一旦发现可以捕捉的鱼类，就会收拢双翅，以每小时近 100 千米的速度俯冲下去，潜入水中。蓝脚鲣鸟潜入水中的瞬间会产生巨大的声响，这声响足以把游动的鱼儿震晕。在水中，蓝脚鲣鸟会不失时机地咬住一条鱼，吞入腹中，然后飞回家喂养嗷嗷待哺的小鲣鸟。高速的入水使蓝脚鲣鸟的头部和颈部承受巨大的撞击力，所以它们的头盖骨比一般鸟类更坚固，颈部也会更粗壮。尽管如此，蓝脚鲣鸟入水的瞬间风险还是很大，万一入水的角度掌握不好，就会折断脖子或翅膀，这种不幸一旦发生，就再也回不到小宝宝的身边了。得知蓝脚鲣鸟捕食的风险，我们都为它们的未来感到担忧。蓝脚鲣鸟实行的是一夫一妻制，如果一只捕食未归，另一只的生活该将怎样继续？

　　告别蓝脚鲣鸟，我们继续攀登。圣克里斯托巴尔岛是达尔文在加拉帕戈斯登陆的第一个岛屿，年轻时的达尔文对火山地貌特别着迷，总是期望能目睹一次壮丽的火山喷发，目睹一次熔岩横流。很遗憾，他在加拉帕戈斯考察的一个多月期间，群岛所有的火山都很平静，无一喷发。尽管无缘目睹火山喷发，达尔文还是对火山地貌进行了详尽的考察。他在《"小猎犬"号科学考察记》"加拉帕戈斯群岛"一章的开篇中写道："有些大岛顶部的火山口，海拔高达 900~1200 米，侧面布满了无数的小孔。我可以毫不犹豫地说，这个群岛至少有 2000 个火山口。"他还对岛上的凝灰岩火山口进行了重点考察，发现了凝灰岩火山口被风化的原因和倾向。他说："我检查了 28 个凝灰岩火山口，每一个的南侧都低于其他侧或者完全崩塌。很明显，所有的火山口都是在海底形成的，信风带来的风浪和太平洋宽阔的海面相互作用，拍打着所有岛屿的南岸。而这些火山口都由松软的凝灰岩构成，经不起打磨，所以全部都受损严重。"达尔文关于火山口风化的论述至今也没有人提出质疑，可见当时达尔文的学识多么超前！

　　边走边看，边看边议，不知不觉走到了山顶。皮特角的山顶实际是一个破火山口的边缘，火山口的内侧虽然是陡崖峭壁，但另一侧已沉入大海。紧挨着皮特角的海面上有两块形状相仿而独立的礁石，几天来邮轮举办的科普讲座让我们一看便知，这是火山口塌陷的遗留。如果把这两块礁石与旁边的崖壁连起来，复原一下火山喷发的场景，这里必然是一个完美的火山口。因为塌陷和风化，火山口的边缘十分陡峭，平整的面积非常有限，我们一行十几个人就已把山顶占满。

　　登高望远，风光无限。此时，一个穿越千年的声音在大洋彼岸响起："东临碣石，以观沧海。水何澹澹，山岛竦峙。树木丛生，百草丰茂。秋风萧瑟，洪波涌起。日月之行，若出其中，星汉灿烂，若出其里。幸甚至哉，歌以咏志。"那是曹操伫立于碣石、面对大海抒发的豪迈。在《观沧海》的著名诗句中，除"秋风萧瑟"不太应景外，其他的诗句展示的画面都是我们此行所见。极目远眺是澹澹的海水和竦峙的山岛。处于雨季的植被正是"树木丛生，百草丰茂"。虽然没有萧瑟的秋风，但洪波依然涌起。苍茫大海每天演绎着无比辉煌的日出日落、斗转星移。距离跨越万里，时间穿越千年，面对同一个海洋，同样的场景，咏读千古绝唱，感受曹操的博大胸怀、宏远抱负和冲天的豪情，一种奇妙之感油然而生。

　　回到登陆时的绿沙滩，天边和海面只剩一片金黄，团友们已返回邮轮，岸边还剩一艘冲锋艇和一名掌舵的探险队员。落日余晖把海面的所有都化作美丽的剪影，我赶紧端起相机，把这难得的"美丽"定格在镜头里。

皮特角火山口的东南侧已风化破损，只剩下两块巨石

放歌白沙滩

加拉帕戈斯的东南端有一个美丽而古老的小岛，早期被西班牙人命名为"埃斯帕诺拉"，英国人光顾后，便用他们海军上将威斯康特·塞缪尔·胡德的姓氏将此岛命名为"胡德岛"（Hood Island）。胡德曾参加过美国独立战争和法国大革命，达尔文造访加拉帕戈斯时就称它为"胡德岛"。厄瓜多尔独立后，在其版图上恢复了"埃斯帕诺拉"的称谓。不过，许多中国游客喜欢简洁地称它为"西班牙岛"，因为西班牙语"Espanola"译成中文就是"西班牙"。

埃斯帕诺拉岛位置图

埃斯帕诺拉岛的地理坐标是南纬01°22'，西经89°40'。地质学家认为它诞生于 350 万年前，是一个典型的盾形火山岛。和群岛中的其他岛屿一样，埃斯帕诺拉岛也是由西部的地球热点不断喷发而造就的，当地球热点把它托出海面后，就不断地把它向东南方推送，现在它已远离出生地 160 千米了。谁也不知道当它出水芙蓉般地从海底冒出水面时有多高、有多大，只知道现在它的面积约 61 平方千米，最高点海拔 206 米。就面积而言，它在加拉帕戈斯群岛中居第 8 位。

埃斯帕诺拉岛上有个加德纳湾（Gardner Bay），凡来此岛的游客都不会错过这个美丽的海湾。4 月 13 日上午，我们乘冲锋艇来到加德纳湾。加德纳湾的沙滩细白如银，柔软如棉，一脚踩上去就是一个坑，一路走过去就会留下一串脚印。加拉帕戈斯的沙滩真是丰富多彩，短短的两三天，我们就登陆过红沙滩，涉足了绿沙滩，今天又踏上了白沙滩。通常，若想把这些不同色彩的沙滩一网打尽，需要跨洋过海，长途跋涉，去几个国家，登几个海岛才能实现，而在加拉帕戈斯一个行程就能全部踏遍。

我总是好奇于沙滩的形成。红沙滩是由火山喷出富含铁的熔岩沉积氧化而成的，绿沙滩是海水把火山喷出的橄榄石一点点打磨成细沙而成的，那白沙滩又是怎么形成的？它的形成与火山有关吗？请教了探险队长伊兹瑞尔才知道，白沙滩的成因与火山关系不大，是珊瑚、贝类遗骸破碎化的产物，是潮汐和海浪侵蚀风化的杰作。因珊瑚、贝类的遗骸富含碳酸钙，所以呈白色。把珊瑚、贝壳打碎，磨成肉眼都难以分辨的颗粒，筑成绵延千米的沙滩，这需要多么大的韧劲，需要多少年的耐心，除了大自然谁能成就？想到这儿，心里无限感叹大自然的神奇，无限敬畏大自然的威力。

我们来加德纳湾的初心是为了浮潜，因为这一湾碧水清澈见底，阳光强烈的穿透力能让多彩的海底世界一览无余。昨天晚上在"回顾与预告"的例会上，伊兹瑞尔告诉我们，浮潜可能会与白鳍鲨、蝠鲼不期而遇，还会看到许多色彩斑斓的热带鱼群。可是登陆后，双脚踩在这细如豆沙的海滩上，面对碧波粼粼的海面，便彻底打消了浮潜的念头。我和多一坐在沙滩的斜坡上，静观岛上"原住民"的日常生活，享受"面朝大海，春暖花开"的幸福。

极目远眺，蓝天闲云，风平浪静，雪白的细沙从岸边一直延伸到远远的海底，衬托得海水湛蓝湛蓝的。远处，一群肥胖的海狮懒洋洋地躺在沙滩上睡大觉，几只幼海狮窝在妈妈的怀里用劲地吸吮着乳汁，喳喳的吸吮声回响在宁静的沙滩，仿佛是一首动听的生命之歌。没奶吃的小海狮，呆萌萌地在酣睡的海狮中间爬来爬去，满头满脸沾满了白沙。

游客沿着沙滩行走，身后留下一串串的脚印，此情此景让人感到仿佛来到

呆萌萌的小海狮在沙滩上爬来爬去找奶吃

了"外婆的澎湖湾"，那首台湾校园歌曲轻轻在耳边响起：

"晚风轻拂澎湖湾，白浪逐沙滩，没有椰林缀斜阳，只是一片海蓝蓝，坐在门前的矮墙上，一遍遍怀想，也是黄昏的沙滩上，留着脚印两对半。那是外婆拄着杖，将我手轻轻挽，踩着薄暮走向余晖，暖暖的澎湖湾，一个脚印是笑语一串，消磨许多时光，直到夜色吞没我俩在回家的路上……"

词曲作者叶佳修描述的外婆与孙儿漫步沙滩的画面清晰地浮现在眼前，能把歌词写得那么美、那么生活化，想必他也在这样的沙滩上走过。

留恋白沙滩的不止我们，还有此岛的"原住民"海鬣蜥。在沙滩上走着，不时看到海鬣蜥从海里爬上沙滩。

仔细观察，它们背部皮肤是暗红色的，在暗红色之间还夹杂着一些黑斑。伊兹瑞尔说，这是"埃斯帕诺拉海鬣蜥"最显著的特点。

"难道海鬣蜥还要分岛而称呼吗？"我不解地问。

"不是分岛称呼，'埃斯帕诺拉海鬣蜥'是海鬣蜥大种下的一个亚种，"伊兹瑞尔笑答。

原来，由于加拉帕戈斯各个岛屿环境不同，且相对封闭，在海鬣蜥这个大种下又衍生出 7 个亚种，生活在埃斯帕诺拉岛上的海鬣蜥是其中的一种，1962 年被命名为"埃斯帕诺拉海鬣蜥"。另外 6 种是：费尔南迪纳海鬣蜥、捷诺维萨海鬣蜥、伊莎贝拉海鬣蜥、圣克鲁斯海鬣蜥、圣地亚哥海鬣蜥、平塔海鬣蜥。

黑色的皮肤夹杂着一些红色，是埃斯帕诺拉海鬣蜥最显著的特征

海鬣蜥用长长的尾巴在沙滩上拖出一条辙

刚从海里爬上沙滩的海鬣蜥引起了游客的关注

正说着，看见一只海鬣蜥努力在沙滩上爬行，长长的尾巴拖出一条长长的辙。伊兹瑞尔见状示意我们绕道行走，不要踩到它拖出来的辙。原来，这只海鬣蜥在用尾巴规划自己的领地范围。"这有用吗？"我纳闷。海水一涨潮，它划出的领地范围还存在吗？我们虽然不解，还是照做了。

加德纳湾的白沙滩上有不少低矮的礁石，不经意间看到一只趴在礁石上的海鬣蜥，只见它两个前爪奋力地支撑起前肢，小小的头颅高高地抬起，双眼深情地凝视大海。这一标准姿态是许多摄影师梦寐以求的场景，也是加拉帕戈斯的一张名片。海鬣蜥为什么要爬到礁石上摆出这种姿态？是在寻找什么还是在期待什么？动物学家解释，海鬣蜥是冷血动物，它们趴在礁石上是为了晒太阳。加拉帕戈斯受秘鲁洋流的影响，海水温度较低，海鬣蜥正常体温是 35.5°C，冰冷的海水会让它们的体温骤降，滞留的时间长了，不仅会影响呼吸，还会引起肌肉撕裂。加拉帕戈斯一年有两季，雨季和旱季，或者说热季和凉季。科学家测算过，雨季（12 月至次年 5 月）海水的平均温度为 25°C，而旱季（6~11 月）海水的平均温度只有 20°C 左右。海鬣蜥在水里一次只能呆 20 来分钟，每次上岸，它们必须爬到岩石或礁石上晒太阳，恢复自己的体温。

另外，海洋虽有美味佳肴，但对于海鬣蜥来说也是危机四伏。许多资料都记载了达尔文曾经做过的一个实验。达尔文拎起一只海鬣蜥，拽着它的尾巴，尽最大的力气把它扔进海里，可是没过多久，那只海鬣蜥竟游了回来。之后，同样的动作，达尔文重复几次，海鬣蜥都毫不动摇地返回几次。海鬣蜥宁肯这样被"虐待"，也不愿留在大海里躲避。由此，达尔文推断："这种爬行动物在陆地上没有天敌，而在海里它们常常

海洋虽然凶险难卜，为了生存，海鬣蜥还是勇敢地游向海洋

水洼处还有几只翻石鹬

成为许多鲨鱼的猎物。"海洋对于海鬣蜥而言远比陆地更凶险。听到这样的解释，我对海鬣蜥的勇敢油然而生敬意。尽管每次下海进食都是一次生与死的考验，它们还是义无反顾地跳进大海。

下海的风险这么大，每次下海会不会有永远不能返回陆地的亲人或好友呢？它们趴在礁石上凝眉远望，是不是也在等待和期盼呢？真可谓离愁无穷，迢迢不断，想到这里竟有点伤感。

临近中午，我们站在岸边等待接送的冲锋艇，静心再看加德纳湾，远处，肥胖的海狮们还在白沙滩上睡大觉，近处，海鬣蜥们匍匐在岸边的岩石上享受阳光的沐浴，小水洼处还有几只翻石鹬跳来跳去地觅食。好一幅自然和谐的美景！加德纳湾就是这样美得一塌糊涂！

海鬣蜥深情地望着大海，是眺望还是企盼？

悬崖之上

今天可以说是"埃斯帕诺拉日"，全天都在此岛上游览，上午在东侧的加德纳湾漫步，下午在西侧的苏亚雷斯角（Punta Suarez）畅游。苏亚雷斯角是一处海岬，高高的悬崖是动物们的庇护所，加拉帕戈斯很多动物在这里繁衍生息。

下午的登陆点是个很小的沙滩，沙滩上躺满了懒洋洋的海狮，几只海鬣蜥见缝插针地趴在海狮中间晒太阳。我原以为海狮与海鬣蜥是可以和平相处的爬行动物，谁知它们却水火不相容。我和乔阳、小燕正为一只昂首挺胸的海鬣蜥拍照时，冷不丁一头小海狮爬了过来，正在摆 pose 的海鬣蜥急忙让出地方，挪到一边晒太阳，可小海狮不依不饶继续追赶，吓得海鬣蜥夺路而逃。看到海鬣蜥成功逃命，我们都松了一口气，庆幸此事发生在陆地，若发生在海里，海鬣蜥则生死难卜。因为在陆地，海鬣蜥的奔跑速度远比海狮快，一旦下海它绝不是海狮的对手。

小海狮追逐海鬣蜥，吓得海鬣蜥夺路而逃

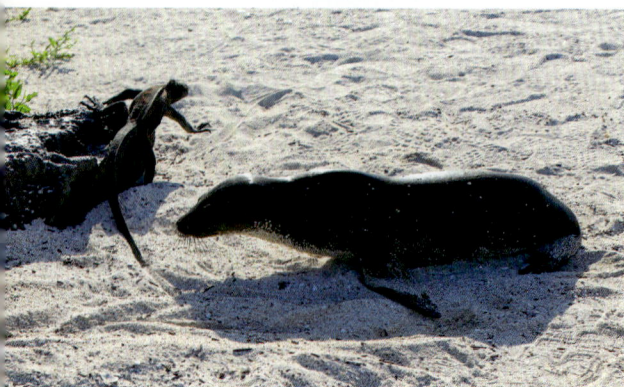

探险队长伊兹瑞尔清点完人员后，带我们向悬崖走去。在苏亚雷斯角探险的重点是观赏波纹信天翁。从中午的科普讲座里我们得知：波纹信天翁因颈部和胸部的羽毛呈波纹状而得名。全球的信天翁有 14 种，波纹信天翁是最小的一种，但在加拉帕戈斯却是最大的海鸟。它身长 1 米以上，体重 5 千克左右，双翼展开能达 2.5 米甚至更长，比军舰鸟和各种鲣鸟都要大得多。翅膀大，飞行能力自然强，波纹信天翁和其他信天翁一样都是飞行能手，能在 3000 米的高空飞翔，也可以连续几小时不扇动翅膀、利用空气的动力滑翔；还可以几天几夜不休息，一口气飞行几千千米，

其驾驭风的能力一点不输军舰鸟。由于体形大，在陆地上起飞不太容易，需要借助悬崖的高度逆风起飞，也许，这就是它们选择苏亚雷斯角筑巢的原因。波纹信天翁不是加拉帕戈斯的"常住民"，一年中大多数时间都在海上漂泊捕食，只有繁殖期才会来这远离大陆的海岬小住。我们来得正是时候，因为4月是波纹信天翁的交配繁殖季。

波纹信天翁择偶很谨慎，经常要花几年的时间才能确定配偶关系。关系一旦确定，便终生相随，一起养儿育女，一起白头到老。所以，信天翁在爱情的词汇里代表相濡以沫、忠贞不渝。我曾听说波纹信天翁在恋爱时会跳求偶舞，舞姿比蓝脚鲣鸟的双人舞还好看。求偶时，它们会用长长的喙相互敲击，同时相互弯腰鞠躬；有时还会扇动翅膀转圈示爱，张嘴咕咕地歌唱。可惜，我们登上悬崖没能看到这精彩的一幕，只看见几只波纹信天翁静静地卧在草丛中，一动也不动，仿佛是一尊尊雕像。如果此时有美术学院的学生来写生，它们绝对是最称职的模特。它们卧在草丛中在做什么？孵卵，还是等待它们的"另一半"？加拉帕戈斯国家公园不允许游客离开既定的线路游览，所以，我们无法近距离地观看，只能猜测。

高高的悬崖也是鲣鸟们的最爱，尤其是纳斯卡鲣鸟。纳斯卡鲣鸟在各种鲣鸟中体形最大，它们也要借助悬崖起飞，所以在苏亚雷斯角的悬崖上看到纳斯卡鲣鸟完全在意料之中。令我没有想到的是，这里居然还生活着褐鲣鸟。地球上总共有10种鲣鸟，我们在加拉帕戈斯群岛就看到了4种，真是够幸运的！

苏亚雷斯角的"常住民"纳斯卡鲣鸟

每年4月波纹信天翁会飞到苏亚雷斯角交配繁殖　　　波纹信天翁卧在草丛中，静静等待着它的"另一半"

　　褐鲣鸟的体形比纳斯卡鲣鸟略小，体长一般在 70 厘米左右。褐鲣鸟的头、颈、翅膀和尾巴都是褐色的，嘴巴和脚蹼也是褐色的，只有肚皮是白色的。正因为褐鲣鸟肚皮是白色的，故又称"白腹鲣鸟"。

每年4月在苏亚雷斯角繁殖的鸟儿还有燕尾鸥

回眸尖叫的褐鲣鸟

褐鲣鸟与纳斯卡鲣鸟惺惺相惜

信天翁舒展的双翼犹如"垂天之云"

　　初见褐鲣鸟，我还以为是体形大的鸭子，因为它流线型的体形与鸭子很接近，直到其中的一只转头凝视我们时，我才意识到它们属于鲣鸟，因为它们具有鲣鸟的全部特征。比如三角形的脸上宽下窄，圆锥状的喙又长又粗，双目距离比较大。褐鲣鸟好像是纳斯卡鲣鸟的好朋友，它们可以挤在一起相安无事，也可以扇动翅膀一起玩耍，这种现象在鲣鸟中很少见。通常，鲣鸟的社会活动只限于自己的种群，几乎不与别种鲣鸟玩耍。无论在捷诺维萨岛还是皮特角，我们看到的纳斯卡鲣鸟、蓝脚鲣鸟和红脚鲣鸟都是各过各的，都是"鸡犬之声相闻，老死不相往来"。唯独在苏亚雷斯角，两个不同种的鲣鸟——纳斯卡鲣鸟和褐鲣鸟能和睦相处。

　　曾经，我国的西沙群岛和海南岛也是褐鲣鸟的栖息地，可惜那时的人们不知道珍惜野生动物，不仅随意猎杀，还捡食褐鲣鸟的蛋。慢慢地，褐鲣鸟越来越少，以至于在我国境内已难觅踪影。

　　每年4月来苏亚雷斯角繁殖的鸟儿还有燕尾鸥、哀鸽等中型鸟。也许是因为悬崖附近只有草丛没有树，我们几乎没看到一只雀类的飞禽。

准备离开苏亚雷斯角时，我又回头注视了一会儿草丛中的波纹信天翁，真希望能看到它们展翅高飞的英姿。一只波纹信天翁好像读懂了我的心，突然舒展了它长长的羽翼。好家伙，它的双翼真大！如果几只信天翁一起飞，岂不会遮天蔽日！我忽然怀疑，古人说的大鹏鸟原型可能就是信天翁。记得庄子在《逍遥游》里这样描述大鹏鸟："鹏之背，不知其几千里也；怒而飞，其翼若垂天之云。"庄子用极其夸张的手法描述了大鹏鸟硕大的体形和奋力飞翔的状态。大鹏鸟是古人想象出来的一种神鸟，但不管什么样的想象都会有出处或原型。信天翁的体形虽不会大到"几千里"，但"怒而飞"时，双翼真有点儿"垂天之云"的架势。古人是不是从信天翁的身上得到了创造大鹏鸟的灵感？

加拉帕戈斯有一个很神奇的现象，岛屿的成长轨迹与人类恰恰相反，越年轻的岛屿越老气横秋，越年老的岛屿越活力四射。350万年高龄的埃斯帕诺拉岛进入岛屿演化的暮年，很快就要按照自然规律沉入大海，而它却是出奇地美丽、出奇地光鲜，无论是东边如诗如画的加德纳湾，还是西边百鸟齐鸣的苏亚雷斯角都让人流连忘返，永生难忘。

夕阳下返航

卡托牧场趣闻

经过一夜的航行，4 月 14 日清晨邮轮停靠在圣克鲁斯岛的阿约拉港（Puerto Ayora）。

早就听说，圣克鲁斯岛是加拉帕戈斯人气最旺的岛，登岛一看，果真如此。商业氛围和文化氛围浓厚，酒店、商店、饭馆、咖啡馆、旅行社比比皆是，达尔文研究站（Charles Darwin Research Station）和加拉帕戈斯国家公园管理处也都设在这里。由于生活设施齐备，交通方便，玩跳岛

圣克鲁斯岛位置图

游的旅客大多住在这个岛上。之前，我们在圣克鲁斯岛附近的海域转了好几圈，但始终没有登岛。8 号，我们乘坐的飞机在距它仅 1 千米的巴特拉岛着陆；10 号，在它北面的北西摩岛看蓝脚鲣鸟和其他海鸟，感觉圣克鲁斯岛近在咫尺，却只能遥遥相望，今天我们终于登岛游览了，心中满怀期待。

整洁、美丽的阿约拉港街区

圣克鲁斯岛是一座休眠火山，100万年前最后一次爆发后沉睡至今。这座加拉帕戈斯第二大的岛屿位于南纬00°38'，西经90°22'。整个岛长43千米，宽31千米，面积986平方千米。据2010年的人口普查，加拉帕戈斯群岛共有25124位居民，其中9208人生活在阿约拉港，约占群岛的37%。科学家预测，每过11年，加拉帕戈斯的人口就会翻一番。如果是这样，我们来时加拉帕戈斯人口应该有4万，圣克鲁斯的人口应该接近2万。

加拉帕戈斯的海狮无论在哪儿都是唯我独大，海狮在阿约拉港口码头也是占山为王。它们心安理得地躺在码头的长椅上睡大觉，管他老弱病残，谁来了都不让座。游客若想弄个座位，只能站在一边静候。大家觉得海狮赖巴巴的样子很搞笑，于是抓紧时间与它们合影。

港口的长椅被海狮视为自己的地盘 ————————————————————

加拉帕戈斯虽因象龟而得名，但要目睹野生象龟的尊荣并非易事。由于人类肆无忌惮的猎杀，野生象龟已所剩不多，游客常去的岛屿基本没有野生象龟，有野生象龟的岛屿加拉帕戈斯国家公园又不允许游客登陆，所以，一般看象龟只能去象龟养育中心和达尔文研究站。不过，凡事总有例外，圣克鲁斯岛的卡托牧场（EL Chato Ranch）就是个例外。

象龟有一个千年不变的习性，怀上小宝宝的雌龟一定要不辞辛苦地从自己的栖息地爬到海边去产卵。正巧，象龟爬行的小径横穿卡托牧场，聪明的牧场主借着天赐良机做开了旅游生意。他们在牧场里种植了象耳叶、番石榴、青草等象龟喜欢吃的植物，还在通往牧场的林荫道两边开凿了水塘供象龟饮水、消暑。牧场主营造的生态环境得到了象龟的青睐，它们年年经过牧场爬向海边，牧场主也由此招徕游客挣得盆满钵满。我们今天的重点观光项目就是去这家牧场看野生象龟。

卡托牧场在圣克鲁斯岛的中西部，接近牧场时有一段很漂亮的林荫道，林荫道的两侧不时地掠过象龟的身影，大家冲着窗外"哇！哇！"地叫个不停，禁不住游客的惊叹，司机半路停车，让我们近距离看看趴在水塘里的象龟。

象龟把自己身体的绝大部分浸泡在水里，只露出一个三角形的小头和一个大龟壳。也许象龟觉得浸泡在水里最安全，看到这么多人也不躲闪，要知道象龟可能是加拉帕戈斯唯一对人敏感的动物。不过，探险队员奥拉并不这么认为，她说，象龟把自己浸泡在水里是为了防止蚊虫的叮咬。

水塘里的象龟 ———————————————————————————————

象龟对人非常敏感，发现有人在旁边，就会把头缩进龟壳里。奥拉叮嘱我们，若要与象龟合影，必须小心翼翼地绕到它背后，不要让它察觉。象龟的这种敏感，可能是因为人类曾经对它们造成过严重的伤害，这些伤害深深地刻进了它们的基因，以至于代代相传，至今不忘。以前也听人说过，象龟是有记忆的，人类的猎杀在它们心中埋下了仇恨和惧怕的种子，所以一见人就把头缩进龟壳。

虽然牧场为象龟准备了各种各样的食物，但象龟好像偏爱番石榴。在牧场看到的象龟大多满头满脸都是番石榴渣，非常不雅观。象龟的四肢粗壮得似象腿，根本不可能抬起前肢为自己洗脸，真不知道它们怎样才能把自己的脸搞干净。好不容易找到一只头脸干净的象龟，我们大家都蹑手蹑脚转到它身后与它合影。

别看象龟体形庞大，其实它们胆子很小，一旦感到威胁就会把头缩进龟壳

象龟对人非常敏感，与它合影必须小心翼翼绕到背后，不能让它察觉

近距离观赏象龟有点不可思议的感觉，不知道它们是从什么动物演变过来的。象龟的体形极不相称，身体巨大，头巨小，四肢巨粗，脖子巨细。当然，这里说的"小"与"细"都是它自己跟自己比。它们圆柱形粗壮的四肢布满了鳞状的表皮，小小的头呈三角状，一旦与细长的脖子一起伸出龟壳，活像闻歌起舞的眼镜蛇。最令人不安的是象龟的眼神，象龟眼睛虽小，却炯炯有神，看人时，眼神里总是充满了哀怨和愤恨。唉！象龟对人类的哀怨与愤恨何时才能化解？

吃完番石榴，象龟的脸就不那么文雅了

象耳叶也是象龟的美食

在牧场的游客中心，好客的牧场主为大家准备了冷饮和小吃，露天转悠了几个小时，能有个地方饮水纳凉着实惬意。为了提高游览的趣味性，牧场主弄来三个象龟壳让游客拍照，大家纷纷钻进去体会一下在龟壳里的感觉。

试试钻进龟壳里的感觉

"人啊，为什么要伤害我们？"象龟似乎在问

接下来的游览项目是参观熔岩隧道（Lava tunnel）。对于熔岩隧道，我们并不陌生，在游览沙利文湾的熔岩滩时，曾看过一处塌陷的熔岩隧道。当时探险队员给我们解释：火山喷发时，大股的岩浆向外奔流，处于外层的岩浆遇空气凝结成硬壳，而内部的岩浆在硬壳的保护下继续奔流，待岩浆流尽，这股岩浆流淌的路径就形成了一座天然隧道。不过，一般熔岩隧道都比较小，容不下一个人，而圣克鲁斯岛的这处熔岩隧道可以容纳几十个人同时行走。

熔岩隧道距牧场游客中心不远，路边有个指示牌，按指示牌的方向，沿着一条小路走过去，就会到达隧道入口。隧道离地面有十几米深，入口、出口都比较窄，有阶梯供游客上下。原以为熔岩隧道与喀斯特溶洞差不多，其实完全不同。进入喀斯特溶洞往往有一种豁然开朗的感觉，有的溶洞宽敞得像音乐厅，有的溶洞上上下下好几层，有的溶洞里面可以撑船，还有的溶洞里面可以开火车。熔岩隧道则更像一条城市的下水道，隧道顶部是拱形的，底部大约三四米宽，还有一滩一滩的积水。隧道里有几盏照明灯，借助照明灯，我们可以清楚地看到隧道顶部和两侧凝固的熔岩，黝黑黝黑的，好像涂了一层黑色的油彩。顶部的熔岩有不少裂隙，裂隙处有滴滴答答的水渗漏，这就是造成地下积水的原因。隧道两侧还有岩浆流过时的划痕，一道道的，一直延伸到尽头。隧道不语，划痕却在给后人讲述它的前世今生。

熔岩隧道虽然不如喀斯特溶洞华丽，但闭上眼睛想象一下它的形成过程，觉得还是很震撼。一股红通通的岩浆挣脱了地心的束缚，冲出火山口奔腾而下，那是多么壮观的景象！

走出隧道，眼前又是绿草茵茵、林木葱茏、雀鸟鸣叫、象龟觅食的场景，让人感到恍如隔世。隧道里，我们与百万年前凝固的熔岩对话，隧道外则与欣欣向荣的草木、动物共享蓝天。

熔岩隧道像一条城市的下水道

鱼市上褐鹈鹕不顾体面地争抢食物

　　离开卡托牧场，我们又回到阿约拉港。阿约拉港虽然商铺林立，酒店遍布，但人气最旺的地方却是仅有一个摊位的鱼市场。

　　没来加拉帕戈斯之前，我总也想不明白，一个小小的鱼市怎么就成为网红打卡的地点，而且大有不到鱼市非好汉，不到鱼市就不算来过加拉帕戈斯之势？可当我一脚迈进鱼市，顿时认可了这个网红打卡点，顿时产生不到鱼市就算白来的感觉。这个小小的鱼市太特殊了，特殊到一个摊位就是一个市场，特殊到整个世界只有唯一，没有之一。

　　提起"市场"，我们脑子反映出来的景象大多是摊位纵横，商品满目，阿约拉港的鱼市展示的却是另外一番景象：摊位，仅有一个；商品，仅有一种——刚打捞上来的鱼；售货员四五位，而顾客却熙熙攘攘，拥挤不堪。这里的"顾客"不仅有居民，更多的还有海狮、褐鹈鹕、海鬣蜥、熔岩鸥等生活在岛上的"原住民"。柜台前，作为居民的顾客付款买鱼；柜台下，"原住民"们摩肩接踵，互不相让地抢夺售货员遗弃的鱼头、鱼尾和鱼内脏，整个 20 平方米见方的市场忙忙碌碌，热热闹闹。

鱼市四面通风，顾客往来非常方便。海狮爬进鱼市，占据离柜台最近的地方讨鱼吃。海狮嘴巴比较短，行动又不是很灵活，售货员扔出去的下脚料，往往被褐鹈鹕一口叼去，它们大多抢不到。抢不到就耍赖，它们赖巴巴地趴在售货员身边不停地索要，售货员走到哪儿，它们就跟到哪儿。鱼市上出售的海鱼个头都挺大，一条鱼一般有1米多长，需要剁成几块来出售。售货员挥刀剁鱼，忙得头都抬不起来，哪有闲工夫管海狮，可海狮就是不依不饶，它们用长满胡须的嘴巴在售货员的腿上蹭来蹭去，直到售货员受不了它们的软磨硬泡，往它们嘴巴塞点吃的，才能消停一会儿。

"给我一块鱼吧！"海狮向售货员乞讨

"不给鱼，我就纠缠你！"海狮用胡须磨蹭售货员的腿

鱼市上，还有一个群体不能小觑，那就是褐鹈鹕。褐鹈鹕是海狮最强劲的对手，它们"人多势众"，占据了小鱼市的"半壁江山"。褐鹈鹕有一个海狮无法相比的长嘴巴，长度能达 38 厘米，而且还分成 3 支，上嘴是一支，下嘴是可以开合的两支。最不可思议的是，褐鹈鹕的下嘴有个可伸可缩、富有弹性的喉囊，捕食时，下嘴左右打开，喉囊像口袋一样张开，能把食物一股脑都装进去，而不必一口一口地吞咽。售货员扔下脚料时，它们张开 3 支嘴，一下就接过去，迅速装入喉囊。有褐鹈鹕在，别说海狮，其他灵敏的小动物都很难抢到像样的食物。

褐鹈鹕抢到一块鱼，吞进喉囊慢慢消化

褐鹈鹕善于协同作战，集体捕食

　　我从来没有见过这么多褐鹈鹕聚在一起，更没见过褐鹈鹕这么不顾体面地抢夺食物，它们在鱼市上的表现，完全颠覆了平时我对它们的认知。前几天，我们常常与褐鹈鹕相遇，但那时所见的，不是"淑女"就是"帅哥"。它们独来独往，很少聚在一起，也很少抢夺食物，有时张开双翅晒太阳，有时站在树梢守护雏鸟，有时独立于岩石孤芳自赏，还有时站在邮轮的护栏上好奇地张望我们，完全一副温文儒雅的做派。

　　看到我和多一饶有兴趣地议论褐鹈鹕，探险队员奥拉走过来向我们介绍，褐鹈鹕虽然不是加拉帕戈斯最讨人喜欢的大型鸟类，但在世界的其他地方却倍受爱戴。比如，在特克斯和凯科斯群岛（Turks and Caicos Islands），它们被尊为国鸟；在美国路易斯安那州也贵为州鸟。世界上有 8 种鹈鹕，褐鹈鹕是最小的一种。即便是最小的一种，它的体长也有 105~135 厘米，体重也有 6.5~9 千克，双翼展开能达到 200~220 厘米，俨然一个庞然大物。虽然庞大，但它们行动并不笨拙，远行能高飞，捕食能潜水。大多数种类的鹈鹕能高飞，但不能潜水，只能浮在水面上捕鱼，所以加拉帕戈斯的褐鹈鹕也是世界上独一无二的物种。褐鹈鹕在空中飞行时，一旦发现了水中的目标，就会以极快的速度扎进水里，然后张开袋状的大嘴把食物一口吞下。一只成年褐鹈鹕一天要吃 1.8 千克的鱼。有时，成群的褐鹈鹕还会联合捕鱼，发现鱼群，就一起扇动巨大的翅膀，把鱼群赶到水浅的地方，集体食之。

1. 张开如兜的下嘴，装下一大块鱼

2. 这块鱼真大，几乎要把它的喉囊撑破了

3. 使出洪荒之力也要把鱼吞下去

褐鹈鹕一般在红树林和沿海低矮的灌木丛筑巢。筑巢是个苦活儿，理所当然由雄性褐鹈鹕承担，鸟巢筑好后，雄性褐鹈鹕便广而告之，想尽办法吸引雌性褐鹈鹕。成婚后，雌性褐鹈鹕会产下 2~3 枚蛋，之后，夫妻双方共同孵化，共同哺育。

正说着，鱼市上的褐鹈鹕群突然发生了骚动，原来它们在抢夺售货员抛弃的一块鱼。一只褐鹈鹕幸运地抢到，但鱼块太大，一口吞不下。只见它低着头，使出洪荒之力拼命吞咽，等它抬起头时，脖子上鼓出了一个大包，显然，那块鱼已吞进喉囊，喉囊被撑得青筋暴露，好像随时都可能被撑破。

"褐鹈鹕和海狮都这么强势，其他体形小的动物在鱼市上还能分得一杯羹吗？"我不无担心地问。奥拉笑着答："你真是杞人忧天，看看那只海鬣蜥。"我顺着她手指的方向，看到一只海鬣蜥嘴巴上沾满了肉色的食物，看来它也没少吃。离开鱼市的时候，售货员还在不停地剁鱼，买鱼的居民还是络绎不绝，讨吃的海狮还在售货员身边蹭来蹭去，抢鱼的褐鹈鹕还在伸长脖子等待售货员的馈赠……我不禁感叹：这真是一个神奇的鱼市，一个世界上绝无仅有的人与动物共享的鱼市。

备受磨难的
陆鬣蜥

南普拉萨岛（South Plaza），是我们东线行登陆的最后一个岛。这个岛位于南纬00°35'，西经90°09'，面积约0.12平方千米，最高点只有23米，也是一个非常平坦的小岛。南普拉萨岛在圣克鲁斯岛的东侧，岛上没有居民，每天只有过往的游客。它的岛名源于厄瓜多尔前总统莱昂尼达斯·普拉萨·古铁雷斯（Leonidas Plaza Gutierrez）。

南普拉萨岛位置图

马丁，这位在加拉帕戈斯土生土长的小伙子，是今天下午陪同我们登陆的探险队员。出发前，他简单地提示我们，登岛后注意观察燕尾鸥和陆鬣蜥，特别是陆鬣蜥。

南普拉萨岛有一个小小的水泥码头，这为我们登岛提供了很大的方便。与巴克里索·莫雷诺港和阿约拉港的码头一样，这里也被海狮霸占。海狮就是一种"人来疯"的动物，看到我们冲锋艇靠近，一头海狮开始扭动身体。海狮的柔功非常了得，只见它一会儿把自己弯成一个圈，一会儿用后肢触碰自己的胡须。可能因为刚从海里爬上来，浑身湿漉漉、油亮亮的，阳光一照光闪闪的，甚是好看。关键是我们准备登陆了，它还在那里我行我素地扭动身躯不肯让路。小小的码头只有1米多宽，海狮一霸占，别人休想通过，幸亏马丁经验丰富，他用击掌的方式逼迫海狮把路让了出来。

海狮霸占了小码头，探险队员击掌逼迫它把路让出来

　　离开小码头，满目都是仙人掌和海马齿，典型的加拉帕戈斯风光。海马齿是一种草本植物，有抗盐碱的功能，所以能在热带和亚热带的海边蓬勃生长。海马齿长势低矮，匍匐在地就像一层绿色的地毯。这样低矮的植物，自然会成为陆鬣蜥的主要食物。

　　南普拉萨岛的陆鬣蜥真多，除了海边，随处都可以与它们不期而遇，稍不留意就可能踩到它们的尾巴。我们在别的岛也见过陆鬣蜥，但数量都很少，每遇到一只，就会引来七八个游客的围观。

　　"这里怎么会有这么多陆鬣蜥？"马丁解释说，一是因为岛上食物充足，它们赖以生存的海马齿俯拾皆是；二是因为这个岛上没有它们的天敌。

　　"它们的天敌是谁？"马上有人提问。"是鹰和人。"马丁接着讲解："陆鬣蜥的第一个天敌是加拉帕戈斯鹰，因为人类的捕猎，加拉帕戈斯鹰已在圣克鲁斯岛和附近的几个岛屿绝迹，这就是说，陆鬣蜥的第一个天敌已不存在。第二个天敌是谁呢？是人，人类的猎杀曾经对陆鬣蜥造成过巨大的伤害。很幸运，南普拉萨岛没有人居住，除了游客，很少有人光顾。没有这两大天敌的骚扰，陆鬣蜥当然会肆无忌惮地繁衍壮大。它们不仅在南普拉萨岛活动，费尔南迪纳岛、伊莎贝拉岛、圣克鲁斯岛、北西摩岛和巴特拉岛也是它们的家园。"

有资料说，加拉帕戈斯群岛有三种陆鬣蜥：加拉帕戈斯陆鬣蜥（Galapagos land iguana）、巴灵顿陆鬣蜥（Barrington land iguana）和粉红陆鬣蜥（Pink land iguana）。加拉帕戈斯陆鬣蜥最常见，没有亚种，一般我们说的陆鬣蜥就是这种。巴灵顿陆鬣蜥是巴灵顿岛特有的物种，通体都是淡黄色。粉红陆鬣蜥又称玫瑰香陆鬣蜥，全身是粉红色的，上面有黑色的条纹。粉红陆鬣蜥只生活在伊莎贝拉岛的北部，而且都集中在沃尔夫火山。很遗憾，我们登陆的地点不包括巴灵顿岛和沃尔夫火山，所以无缘与巴灵顿陆鬣蜥和粉红陆鬣蜥相见。

三种陆鬣蜥中，粉红陆鬣蜥发现最晚，数量最少，最为珍稀。据 2021 年 8 月的统计，粉红陆鬣蜥仅存 211 只。

100 多年前，达尔文的足迹没有到达沃尔夫火山，错失了发现粉红陆鬣蜥的机会。1986 年，它被加拉帕戈斯国家公园的一位管理员发现，当时因不认识而没有重视，直到 2009 年意大利科学家对它进行了基因检测才引起世人的注意。基因检测发现，粉红陆鬣蜥早在 570 万年前就从陆鬣蜥中分化出来了，是不同于加拉帕戈斯陆鬣蜥的物种。说也奇怪，就算达尔文没有发现粉红陆鬣蜥，别的科学家怎么也没发现呢？在这 100 多年的时间里，有太多的机会可以发现粉红陆鬣蜥，然而竟没有，可见一个物种的发现需要太多的偶然。

2022 年 1 月 6 日，沃尔夫火山时隔 6 年再次爆发，岩浆倾泻而下，火山灰柱冲到 3800 米的高空。大家都很担心粉红陆鬣蜥的命运，担心它们会被无情的火山灰淹没。幸好这次火山爆发没有伤及它们。

我们在南普拉萨岛看到的陆鬣蜥都是加拉帕戈斯陆鬣蜥。马丁介绍说，陆鬣蜥和海鬣蜥实际是同一个属的动物，也就是说，它们有一个共同的祖先。1983 年，科学家对这两类鬣蜥进行了相似性和差异性的研究，得出的结论是，这两种鬣蜥大约在距今 2000 万至 1500 万前就走上了各自演化的道路。

"那时地球的热点还没有创造出加拉帕戈斯，群岛中最古老的岛屿不过才 400 万岁，这两种鬣蜥从何而来？"对此，我们都感到很困惑。

海鬣蜥

陆鬣蜥

陆鬣蜥和海鬣蜥拥有同一个祖先，大约在距今2000万至1500万年前各自走上了演化的道路——

陆鬣蜥的爪子又细、又长、又尖，而且还是5个指头，很像人类的手掌

　　马丁接着解释："现在我们看到的最古老的岛屿是 400 万前才出现的，但这并不意味着加拉帕戈斯只有 400 万年的岛龄。地质学家发现，在圣克里斯托巴尔岛和埃斯帕诺拉岛的东边海面下有一些与该群岛类似的海底山。这些海底山曾是加拉帕戈斯西边热点创造的岛屿，但经过上千万年的漂移、风化和侵蚀，最终沉没于大海，成为海底山。岛屿虽然沉没，但原先生活在岛上的动植物并不会随着岛屿的沉没而消亡，它们会用自己的办法跨越到新的岛屿。"

　　这就是说，那些已成为海底山的岛屿，曾经是陆鬣蜥和海鬣蜥以及象龟等爬行动物的故乡。在大自然的演变中，它们用自己的本领，延续了本物种的生存。

　　陆鬣蜥身长 90~110 厘米，体重约 13 千克，双眼皮、大眼睛，皮肤粗糙。第一眼看到陆鬣蜥就让我联想到古代身穿盔甲的士兵。你看它，披一身土黄色鳞片，挂一条从头至尾的刺棘，腰圆膀粗，眼睛一睁，炯炯有神，这穿戴，这装饰，这眼神，让人不与兵士联想都不行。陆鬣蜥四肢末端的爪子又细、又长、又尖，而且还是 5 个指头，很像人类的手掌。自从与陆鬣蜥打过照面后，我经常怀疑，人类的诞生会不会与这类爬行动物也有关？

身披土黄色的鳞片，背挂从头至尾的刺棘，陆鬣蜥活像古代威风凛凛的士兵

别看陆鬣蜥的外表威风凛凛，其实，它们与象龟一样是纯粹的"素食主义者"，性情温和，与人为善，在适应大自然的漫长岁月中，没有演化出多少躲避天敌的能力。为了让陆鬣蜥少受欺负，上天专门为它们量身定做了一套土黄色的"防护衣"，一旦天敌来袭，可以趴在地上一动不动，让自己与黄土地融为一体。

这么温顺的陆鬣蜥在人类登岛后也未能幸免于难。几百年前，加拉帕戈斯到处都有陆鬣蜥，现在仅能在六个岛屿上看见。人类的虐待、捕食和外来物种的入侵，使它们在一些岛屿上绝迹。比如，原来巴特拉岛居住着不少陆鬣蜥，自从美国在此修建军用机场后，陆鬣蜥就遭到了灭顶之灾。美国大兵把它们当靶子练射击，当足球踢来踢去，在美国大兵的虐待下，很快，陆鬣蜥就在巴特拉岛上灭绝了。达尔文研究站成立后，科学家把陆鬣蜥重新引入巴特拉岛，岛上才又能看到它们的身影。

原来圣地亚哥岛的陆鬣蜥也有 5000~10000 只，甚至更多，现在一只也没有了。达尔文在他的考察记中有过这样的描述："陆鬣蜥的数量极其庞大，具体数目我虽不清楚，但是当我们在詹姆斯岛（注：即圣地亚哥岛）停留的时候，由于满地都是它们的洞穴，以至于我们竟找不到地方来搭帐篷。"可见，当年陆鬣蜥的数量是多么庞大。

陆鬣蜥在圣地亚哥岛上灭绝的罪魁祸首也是人类。达尔文曾这样记录海盗和捕鲸者猎食陆鬣蜥的行为："陆鬣蜥的肉做熟之后是白色的，味道鲜美，深受饕餮客的喜爱。在我们停留的那段时间，正是雌鬣蜥的产卵期，它们会把又大又长的蛋下到洞穴里。当地人就翻找洞穴，把陆鬣蜥蛋当成食物，吃进肚子。"

另外，外来物种的入侵同样是陆鬣蜥数量骤减的原因。人们遗弃在加拉帕戈斯的动物，如猫、狗、山羊等，不仅抢夺陆鬣蜥的食物，破坏陆鬣蜥的生存环境，还抓捕陆鬣蜥食用。现在虽然已把猫、狗、山羊等这些外来物种赶尽杀绝，但很多岛上的陆鬣蜥还是没有回来。

夕阳洒满整个南普拉萨岛，我们结束了全天的探险。回头再看这座岛，心中升起一种莫名的纠结。对于岛上的原生动物，大家的关注点都在陆鬣蜥，而对加拉帕戈斯鹰却无人提及。加拉帕戈斯鹰虽然是陆鬣蜥的天敌，但它也是维持生态平衡不可或缺的物种。就这样，理性上希望加拉帕戈斯鹰回归，情感上又不希望它出现，怕它们去绞杀陆鬣蜥，想来想去总也不能释怀。乔阳、小燕笑我多虑了，是啊，我多虑了！大自然需要它回来时，它自然会回来，这是我们人类不能左右的。

结束了南普拉萨岛的探险活动，乘坐冲锋艇返回邮轮

被"踢"出去的巨石

加拉帕戈斯探险东线图

4月15日清晨，我们的邮轮又一次停靠在圣克里斯托巴尔岛的巴克里索·莫雷诺港，这意味着东线探险彻底结束，好朋友乔阳和小燕即将与我们告别，踏上回国的路程。银海邮轮将在圣克里斯托巴尔岛的机场送走完成了东线探险的游客，同时迎来参加西线探险的朋友。

西线探险重点是加拉帕戈斯的地质地貌。这点很好理解，因为加拉帕戈斯是地球热点喷发形成的，而这个

莱昂多米多岩位置图

地球热点恰好在群岛的西侧。西侧的岛屿大多是近几十万年才露出海面的，还没怎么经过大自然的侵蚀和风化，展示了一些地球形成的初始模样，所以选择西线就是选择观赏地貌。再者，西线的岛屿土地贫瘠，植被稀少，动物远不如东线多，所以，对于游客来说，想看动物走东线，想看地貌去西线。

好朋友乔阳和小燕向我们告别

下午 5 点 30 分邮轮起锚，为期一周的西线探险拉开了序幕。

西线行程的第一个景点是莱昂多米多岩（Leon Dormido），这是用西班牙语发音标注的名称，按照字面的意思也可译成"睡狮岩"。当地人称呼这个岩石为"Kicker Rock"，译成中文便是"踢岩"。不管是"睡狮岩"还是"踢岩"，都是人们凭着想象命名的。你从这个角度看，像睡狮；他从那个角度看，像被上帝一脚踢出去的顽石；再换一个角度，它又可能像一双大靴子。真可谓"横看成岭侧成峰，远近高低各不同"。

莱昂多米多岩在圣克里斯托巴尔岛的西北侧，用经纬度表述是：南纬00°46'，西经89°31'。这是一块傲世孤立的大岩石，一块前不着村后不着店、被海水团团包围的大岩石。邮轮停靠在巴克里索·莫雷诺港时，向北望，一眼就能看到。其实，上一行程，即东线行，邮轮从莫雷诺港到皮特角就经过莱昂多米多岩，但是那次观赏的重点是加拉帕戈斯的动物，邮轮经过时并未停留。此程就不同了，重点是群岛的地质地貌，遇到地质地貌的重点景观当然不能轻易放过。

邮轮在靠近莱昂多米多岩 300 多米的地方停下，大家纷纷跑到甲板上拍照。过了一会儿，邮轮开始围着巨石做 360° 的绕行，让我们全方位地看看它的真容。莱昂多米多岩的面积为 5 万平方米，对于一块岩石来说，5 万平方米的面积足以算得上巨石了。从东北方向看过去，它确实像一头狮子，不过不是"睡狮"，而是一头"醒狮"，因为它的"头颅"是高高抬起的。邮轮按着逆时针的方向绕行，渐渐地，我们面前的"醒狮"变成了一块陡峭的绝壁，其状就像美国优胜美地国家公园那块巨大的"酋长石"。

邮轮继续绕行，很神奇，绕到莱昂多米多岩的西侧时，巨石分成了两块，一大一小。大的那块，上面有些绿色的植被，看起来像极了一双绿色的"大靴子"。小的那块，顶端尖尖的，像什么呢？如果把前面那块岩石看作"大靴子"，不如把后面小的这块岩石比成"鞋拔子"。

看来，这块巨石露出水面有些年头了，至少也有 300 万年了，否则上面怎么会有土壤，怎么会有植被？达尔文推测，莱昂多米多岩的下面是一个火山锥，火山锥的中央有一个空洞，莱昂多米多岩就是掉入这个空洞中的巨石，而且这座火

山锥的斜壁早已被侵蚀殆尽。达尔文的推测是否成立，有待科学家的解答。不过，有一点是肯定的，莱昂多米多岩原本是整块的巨石，经过几百万年的侵蚀、风化，被切割成两块——"大靴子"和"鞋拔子"。再往后，它还会被切割成更多的石块，最终将和它的"前辈"一样回归大海。

———————————————————————— 横看成岭侧成峰，远近高低各不同

"睡狮"

"醒狮"

"大靴子"

"大靴子"和"鞋拔子"

邮轮绕到正东面，此时，太阳正在西下，斜斜的太阳、"大靴子"和邮轮处在一条直线上，我突然意识到，它们三者的关系正如太阳、月亮和地球的关系。接下来，我们将会看到什么？莫不是海上"日全食"？果然，一幕海上"日全食"的自然奇观随着邮轮的移动出现了。

由于莱昂多米多岩的遮挡，当邮轮缓慢地从岩石的一侧驶向另一侧，大自然完美地演绎了一出海上"日全食"

　　太阳刚触碰到"鞋拔子"，"鞋拔子"顶端的那个"尖"便发出耀眼的钻石光，状态与日全食的"食既"相似（"食既"是阳光照到月球边缘的瞬间，此时月球的边缘会出现钻石光）。再往前走，"鞋拔子"完全遮住了太阳，钻石光消失，"鞋拔子"被一轮美丽的光晕笼罩，这一现象对应的日全食阶段是"食甚"（"食甚"时，月亮正正地"贴"在太阳上，使太阳只剩下一圈光晕）。然而，"鞋拔子"顶端面积太小，太阳很快冲出阴影与"鞋拔子"的另一侧相遇，由于"鞋拔子"与"大靴子"离得太近，太阳与"鞋拔子"的另一侧相遇时，同时也与"大靴子"的这一侧擦火，太阳夹在中间，钻石光从两块石壁上射出。一束束的钻石光射在黑色的岩壁上，仿佛是黑夜中航标灯发出的光芒，又好似穿云破雾神秘莫测的耶稣光。钻石光从"鞋拔子"转移到"大靴子"，预示着一个"日全食"的结束，另一个"日全食"的开始。接着"大靴子"完全遮挡了太阳，又到了

"食甚"的节点，整个莱昂多米多岩上方出现了一圈光晕，这一圈光晕让这块巨石显得无比神圣、无比辉煌。再往后，太阳与"大靴子"的另一侧碰撞，神秘的钻石光再次出现，然后钻石光再度消失。就这样，邮轮载着我们欣赏了两次完美的海上"日全食"！当一轮红日毫无遮挡地再次出现在海面上时，我和多一都感到无比庆幸。不知道邮轮是不是特意选在这个时间段起航，特意向游客演示海上"日全食"的全过程？不管有意还是无意，我们都很感谢邮轮在恰当的时间、恰当的地点做出了恰当的行动。

记得在 2009 年 7 月 22 日，我国上空出现过一次日全食。天文部门介绍，这一天，我国境内许多地方能看到，上海的绝大部分地区也能看到。当时我和多一正好在上海，上海市政府做好了一切应对日全食的措施，比如开启路灯、关闭电子设备等。我们则做好了观看日全食的一切准备。谁知天不随人意，那天发生日全食时，天空居然下起了瓢泼大雨，乌云遮住了太阳，也遮住了月亮，一时间天昏地暗，根本看不到一丝一毫的日全食，待到雨过天晴时，日全食早已过去。今天，观赏到的海上"日全食"弥补了当年的遗憾，我们知足了。

凭栏远眺，看着渐行渐远的巨石，心中感慨无限。大自然真神奇，居然能把这么大的岩石从地心抛出来，而且还正巧抛到一个火山锥的空洞里。加拉帕戈斯啊！你还会有多少秘密，你还会给我们多少惊喜？

小时候总想知道地有多老、天有多荒；总想弄清楚地如何辟、天如何开；总是好奇地球初始是个啥模样……没想到，当我登上巴特洛梅岛，真的看到了地老天荒，看到了开天辟地，儿时的好奇都有了答案。

16 日早上，推开阳台门，"尖峰石"豁然出现在眼前，我们又到了沙利文湾。6 天前，4 月 10 日，银海邮轮也在沙利文湾停过，那天下午我们登陆的是沙利文湾西侧的圣地亚哥

巴特洛梅岛位置图

岛，主要观赏熔岩地貌的鬼斧神工。今天虽然也是停在沙利文湾，但登陆的岛屿却是东侧的巴特洛梅岛，重点领略火山喷发时的狂野和不羁。

巴特洛梅·詹姆斯·沙利文（Bartolome James Sullivan）是英国皇家海军的一名上校，也是一位博物学者，在"小猎犬"号任大副和首席测量员，是达尔文一生的挚友。也许是为了纪念沙利文的到访，当年他俩涉足的海湾命名为"沙利文湾"，毗邻的岛屿命名为"巴特洛梅岛"。

巴特洛梅岛是一座火山岛，登陆后需要徒步走过长长的栈道，还要攀登 388 级台阶才能到达最高的观景平台，才能览胜火山地貌的种种奇观，所以在这座遗世独立的小岛上探险绝不是一件轻松的事。加拉帕戈斯国家公园在此修栈道和台阶是非常英明的举措，如若不修，任由大家攀爬、踩踏，世界少有的火山地貌将满目疮痍，脆弱稀少的植被将濒临灭绝。

探险队员玛利亚今天陪同我们小组登陆。玛利亚出生于基多，大学毕业后在美国马萨诸塞州的公共卫生部门工作。15 年前，一个偶然的机会，让她踏上了加拉帕戈斯群岛，从此便与这个神奇的地方结下了不解之缘。她辞去了原有的工作，移居到加拉帕戈斯，加入探险队员的行列，当起了一名自然导游（Naturalist guide）。加拉帕戈斯就是这么有魅力，一旦接触就永生难忘，以至于为它献出自己毕生的时间和精力。

玛利亚身材矫健，虽已年过四十，仍快步如飞。幸亏每走一段栈道都会有一个观景平台，大家一边观景，一边听她讲解，同时可以小憩一会儿，否则，我和多一很难跟上她的节奏。

　　走到第一个观景平台，玛利亚让我们注意看山坡上稀稀拉拉的植被。说到植被，我满脑子都是参天的大树、如茵的草地、盛开的野花、攀爬的藤枝……可是眼前的"植被"却是一大朵、一大朵白色甚至带着"胡须"的东西。"这也叫植被？"我心里嘀咕。说实在的，我甚至怀疑它们是否还有生命。

　　玛利亚说，这种植物叫"Tiquilia"。"Tiquilia"？从未听说过，于是赶快查找字典，"Tiquilia"与汉语对应的词汇是"皱垫草"。玛利亚没有解释皱垫草为什么是白色的，她只告诉我们皱垫草的"胡须"是为了留存随风而来的一点点湿气。别看加拉帕戈斯的各个岛屿被海水团团包围，其实，低矮的地方是很干燥缺水的。为了生存，皱垫草必须长出"胡须"，以便尽可能多地抓住雾中的水分。类似的情况还有树菊（Scalesia），树菊的枝干上缠绕着"胡须"，它们的作用也是留住雾中的水分。

　　再往上爬，眼前出现了好几个锥形山，这些锥形山仿佛是大型火山口的缩小版，山体也是陡立的。中间也有个碗口状的塌陷。玛利亚解释道："这些锥形山叫'寄生锥'（Parasitic cone），是寄生在主火山锥斜坡上的小型火山锥。一般大型火山锥都会寄生出许多小的火山锥，比如，意大利埃特纳火山就有200多个，日本的富士山也有60多个。"

　　火山喷发时，由于岩浆的温度、压强、所含水分、化学成分以及喷发的速率不同，形成的寄生锥也各不相同。地质学家把寄生锥大致分为三种：溅落锥（Spatter cone）、火山渣锥（Cinder cone）和凝灰岩锥（Tuff cone）。这三种寄生锥的形成取决于火山喷发的状态和喷发时抛出的物质。

　　有些火山喷发时，会有软而粘且非常大的团状岩浆从主火山口抛出，团状的岩浆溅落在主火山体的斜坡上，就会形成不规则的溅落锥。有的火山爆发时，喷出的气体比较多，大量的气体裹挟着浮石状的岩块冲出火山口，岩块落下后便堆积成火山渣锥。凝灰岩锥一般位于海边，当海水冲进一个正在喷发、邻近海边的

无限风光在险峰，不走这长长的栈道，就观赏不到最奇特的火山地貌

火山口时，高温使海水转化成气体向上升腾，升腾的气体会将微小的岩浆颗粒带向空中，待这些微小的颗粒降落并堆积起来时，一座完美的凝灰岩锥便形成了。我们登岛前看到海边的那个尖峰石，就是一个凝灰岩锥。

说完，玛利亚让我们判断一下眼前的寄生锥属于哪种火山锥，大家毫不犹豫地回答："溅落锥！"因为这些火山锥的特点太明显了：第一，比较密集；第二，都不太高；第三，一坨一坨的，仿佛是被一只无形的手从火山口一坨一坨扔出去一样。我环顾了一下四周，发现一个火山锥的锥体堆满了类似岩石的块状物体，这是不是火山渣锥呢？想找玛利亚证实一下，可惜她已走远。

我和多一来不及细想，赶忙追赶大部队。到了第三个观景平台，玛利亚让我们观赏岩浆流淌的痕迹。抬头仰望，靠近天际线的地方有一个不大的火山口，火山口上端有几条向下延伸的沟壑，说明岩浆曾经从这里倾泻而下。火山的底部汇集了一些绳索熔岩，显然，岩浆流经这里时，已无力继续倾泻，于是放慢了速度，凝固成熔岩壳。除了形态各异的绳索熔岩，坡上还有一些色彩斑斓的石块，它们肯定是在火山喷发时，随岩浆一起被抛出来的。由于每块石头所含的金属元素不同，外表的颜色也各不相同。

为了留存随风而来的一点点湿气，皱垫草演化出了飘逸的"胡须"

与皱垫草的求生同理，加拉帕戈斯树菊的枝干上也长出了许多"胡须"

火山喷发会在山体上留下许多小型的火山锥，地质学家称这种小型火山锥为"寄生锥"

　　终于爬到海拔 206 米的山顶，环顾四周，景观各异。巴特洛梅岛只有 1.2 平方千米，向东看，到处是一坨一坨的溅落锥，到处堆积着凝固的岩浆，到处是散落的火山石；向西远眺，是圣地亚哥岛黑乎乎的熔岩滩，死一般沉寂的熔岩滩之上有一座连一座的盾形火山。也许，那大片的熔岩滩正是这些盾形火山喷发的杰作。这样苍凉的景致让人仿佛穿越时空窥视到地球的原始，回眸看到火山喷发时的壮观，侧耳听到岩浆与海水碰撞瞬间的绝响。地球如若初见是不是就是这副模样？盘古开天辟地创造的是不是就是这种天地？我不禁心中自问。

　　在山顶看到的风景并不全是这般苍凉，西边山脚下由尖峰石和两湾蓝蓝的海水组成的风景就特别养眼，美不胜收。如果说巴特洛梅岛是加拉帕戈斯出镜率最高的岛屿，这组风景就是巴特洛梅岛的精华。有一张与这组风景的合影，便足以证明"你在加拉帕戈斯留下过脚印"！其实，在许多人的眼里，加拉帕戈斯几乎没有什么"美景"可言，达尔文造访时都没有为它的风景赞美过一句。不承想，当来自地心的宣泄平息后，岁月却为巴特洛梅岛打造出了一处人间难得的美景。据地质学家考证，尖峰石原本是一座凝灰岩锥，寄生在主火山临海的底部。在大自然的精心打磨下，这座凝灰岩锥变成了酷似方尖碑的岩石，即尖峰石。凝灰岩锥两侧在海水的拍打下，变成了两个浅浅的海湾。两个海湾的中间是连接尖峰石与主火山体的陆桥，陆桥上一片葱绿。海湾下面的细沙是白色的，所以这两湾海水蔚蓝蔚蓝的，十分养眼，让人感到心旷神怡。

此处美景让人看到了巴特洛梅岛的未来。巴特洛梅岛诞生于距今200万—150万年前，现在该岛的地貌比起达尔文造访时已经发生了些许变化，已经有了一点绿，再过几万年，火山将会削平，熔岩将会化作肥沃的土壤，岛上将会出现绿树成行、绿草如茵、象龟结队、百鸟齐飞的繁荣景象。

巴特洛梅岛的植被大多是白色的"皱垫草"

地缝中求生

熔岩蜥蜴

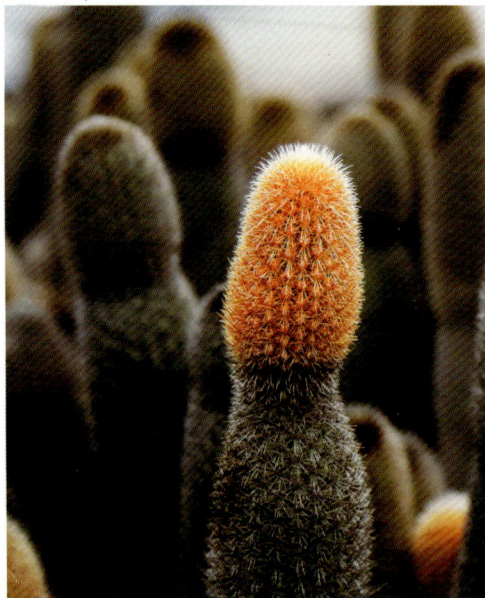

熔岩仙人掌

巴特洛梅岛不仅为我们呈现了地球的初始模样，还为我们展示了一些弱小动植物的坚韧和顽强。我们在领略大自然开天辟地的同时，也时常被那些弱小的动植物感动，熔岩仙人掌和熔岩蜥蜴就是其中之一。

加拉帕戈斯群岛生长着三种仙人掌：刺梨仙人掌、烛台仙人掌和熔岩仙人掌。前两种仙人掌无须别人指点，一看就能叫出它们的名字，唯独第三种，没有探险队员告知，还真不知道它也是仙人掌大家族的一员。因为它不像常见的仙人掌那样干茎粗壮，叶片宽大，一棵棵独立地生长。熔岩仙人掌非常矮小，只有几十厘米高，而且是一簇簇地长在一起。巴特洛梅岛的熔岩仙人掌仿佛是从地缝里钻出来的，在它们的周围除了熔岩，什么都没有，一切植物赖以生存的元素都没有。

在巴特洛梅岛与熔岩仙人掌相遇，让我产生了一种莫名的感动。我感动于它们的倔强、它们的顽强，更感动于它们的随遇而安和团结友爱。顾名思义，熔岩仙人掌的家园是寸草不生的熔岩地貌。这种地貌环境极缺淡水、极缺土壤，若有一点土壤，也是极缺养分的。一般植物在这样的自然条件下根本无法存活，而熔岩仙人掌居然能够生存下来，居然能像其他植物一样在这里生根、发芽、开花、结果。

熔岩仙人掌漂洋过海从南美大陆来到这熔岩横流的荒岛时，初始模样也许跟刺梨仙人掌差不多，有叶片、有干茎。为了适应恶劣的生存环境，它们把肥大的叶片演化为刺棘，把原本可以长到几米高的干茎压缩到几十厘米，把单棵生长的个性改为群生群长的习性，几根、十几根或几十根生长在一起。这些改变和演化使它们最大限度地减少了水分的流失，最大限度地汲取了熔岩给予的营养，最大限度地扎根于熔岩之中。

仿佛从地缝里钻出来的植物

很难说熔岩仙人掌到底是什么颜色，青少年时期，是鹅黄色的；中年时期，是灰白色的，步入老年就变成深黑色了。它们不分老、中、青，一簇簇地生长在一起，不辨鹅黄、灰白、深黑，拥拥挤挤地混杂在一起，俨然一个其乐融融的大家庭。尽管无人喝彩，它们还是非常自律地完成每天的"规定动作"。黎明，把露水吸入刺棘，待到朝霞满天时，刺棘上的露珠便以水晶般的晶莹剔透展示自己的绚丽多姿；早上8点，万物复苏，它们中间会有白色的小花绽放，新的生命开始孕育。周而复始，天天、月月、年年如此。时间、光阴对它们毫无意义，只有阳光、雨露和微风才是它们生存的必需。它们静卧在地缝里，心无旁骛地观望着天地演变、季节更替、万物轮回……任由时光流逝。

相亲相爱抱团求生

上蹿下跳找配偶的雄性熔岩蜥蜴

探险队员玛丽亚特别强调，熔岩仙人掌的生长速度非常慢，一根矮壮的熔岩仙人掌很可能就是一位百岁"老寿星"。所以，对于熔岩仙人掌一定要倍加爱护，只能观望，不能触摸，更不能践踏。践踏，不管有意还是无意，都是对大自然的亵渎。

还没从对熔岩仙人掌的感动中回过神来，一只熔岩蜥蜴像童话里的小精灵，忽地一下蹿到我脚下。只见这只深灰色带有斑点的熔岩蜥蜴上蹿下跳、东张西望，好像在寻找什么。再往稍远一点的地方看，那里也有一只熔岩蜥蜴，与第一只略有不同，它的脖子处有一块鲜红的色斑。玛利亚告诉我们，第一只是雄性，第二只是雌性。雌性熔岩蜥蜴好像很温柔，发现我们在看它，也不躲避，只是妩媚地回了一下头。这一回头大有"回眸一笑百媚生"的效果，雄性熔岩蜥蜴立刻找到了方向。自然界中的动物，大多雄性比雌性漂亮，但对于熔岩蜥蜴来说，雌性却比雄性美丽，也许就是因为它脖子上的那一点红吧。

感觉到雄性的召唤，雌性熔岩蜥蜴回眸一笑

　　加拉帕戈斯有 7 种熔岩蜥蜴，它们都是本地特有的物种，除了位于群岛北部的捷诺维萨岛、达尔文岛和沃尔夫岛以外，其他各岛都能看见。熔岩蜥蜴的体形特别小，只有 15~30 厘米长，肤色与生活的环境很接近，如果不特别注意，可能都不会发现它们的存在。一般来说，雄性身体比雌性长，体重是雌性的 2~3 倍。雄性体形虽然比雌性大，但成熟期却比雌性长得多，雄性从孵化到成熟需要 3 年的时间，雌性只需 9 个月。雌性产卵时会挖一个垂直的洞，产完卵便离开，任其自由孵化。雌性不在意子女的死活，雄性更不会在意，身为父母的熔岩蜥蜴可能是这里的动物中最不负责任的双亲。

　　熔岩蜥蜴生活在海边和干旱的地区，主要食物是昆虫，特别是飞蛾、苍蝇、甲虫、蚂蚁、蜘蛛和蚂蚱。实在捕捉不到昆虫，它们也会吃些植物来充饥。对于昆虫，熔岩蜥蜴处于食物链的上游；对于飞禽，熔岩蜥蜴则处于食物链的下游。熔岩蜥蜴在捕捉昆虫时，苍鹰、蜈蚣、模仿鸟和蛇都会对它们虎视眈眈，稍不留意就会命丧黄泉。

孕育着新生命的雌性熔岩蜥蜴

熔岩蜥蜴有一条长长的尾巴，遇到危险可以断尾逃命

为了躲避天敌，熔岩蜥蜴练就了一套断尾逃生的特殊本领。它们感受到天敌的威胁时，就会主动地自断尾巴迅速逃命。被切断的尾巴脱离母体后，不会马上死亡，而是在地上不停地摆动，以此来迷惑天敌掩护母体逃离。逃脱了危险的熔岩蜥蜴，很快会从断尾处长出新的尾巴。看着熔岩蜥蜴，我不禁感叹大自然的仁慈。为了保护这一幼小的生命，居然赐予它们这一匪夷所思的本能。

荒芜的巴特洛梅岛真是个鸟不生蛋的地方，这里既没有鸟，更没有鹰，在这里，熔岩蜥蜴不需要使用断尾逃命的特异功能，然而，它们吃什么呢？在这个岛上，我们没看见蜘蛛、蚂蚱，也没看见甲虫、蚂蚁，更没看见飞蛾、苍蝇，它们赖以生存的食物在哪里？我不禁为熔岩蜥蜴的命运担忧起来。多一对我的担忧嗤之以鼻，他说："儿孙自有儿孙福，熔岩蜥蜴能在这个荒岛上生存，自然有它生存的办法。"

鬼斧神工
观音石

结束了巴特洛梅岛的览胜，邮轮开足马力向圣地亚哥岛的西北边驶去。原计划下午要登陆埃斯普米拉海滩（Playa Espumilla），但不知为什么邮轮改在布卡内罗湾（Caleta Bucanero）抛锚。对于这一变动，大家没什么意见，不论是埃斯普米拉海滩还是布卡内罗湾对我们都一样，都是第一次游览，都会感觉一样的新奇。更何况，在布卡内罗湾的活动是巡游，无须远足，更不用攀爬，上午在巴特洛梅岛登高望远消耗了大量的体力，下午乘坐冲锋艇赏景，何乐而不为呢？

布卡内罗湾位置图

布卡内罗湾布满了凝灰岩锥，这些凝灰岩锥经过长年的腐蚀风化，有的已与主岛分离，有的则化身为奇石。开冲锋艇的杰夫告诉我们，海湾里一尊酷似观音菩萨的大石头是他的最爱。说完，便开着冲锋艇直奔过去，围着"观音菩萨"转了几圈，让我们从不同角度观赏。说也奇怪，一般感觉某块石头像什么，只能从一个特定的角度去观赏，换一个角度就不是那么回事了，比如4月15号下午看到的莱昂多米多岩，从这个角度看像一头狮子，从另一个角度看则像一双大靴子，可眼前这块大石头不论从哪个角度看，都像观音菩萨。

看佛先要调整心态，单有平常心不够，还要有超越红尘的佛心。古人云，即心即佛。面对一尊佛，就像面对你自己，所谓"佛"就是自己的心，当你超越了自我，脱离了红尘，你就是自己的"佛"。"佛"不在求，而在于自我的修炼和净化。

调整好心态再看这尊"观音"，仿佛看到她手持净瓶，俯视众生；感到她端庄大气，优雅安详。大自然真神奇，左一斧右一刀就把一座凝灰岩锥打造成了一尊令人敬仰的石雕。我又一次被大自然的鬼斧神工折服，惊叹它把人间最美好的信念和寄托都刻进了眼前的这尊"观音菩萨"造像。杰夫生在长在加拉帕戈斯，他怎么会知道"观音菩萨"？准是哪位懂佛的游客告诉他的。没想到，杰夫一旦了解就无比崇拜，听着他一口一个"观音"地叫着，真以为他已成为"佛系"的一员了。

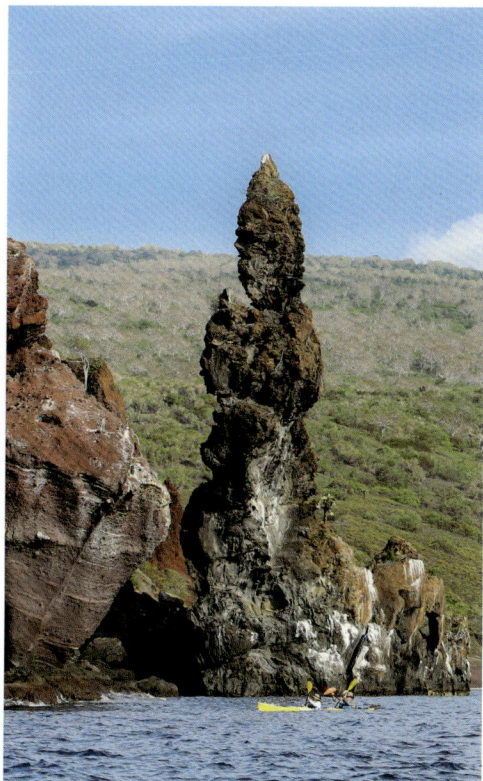

不论从哪个角度看，这座凝灰岩锥都像大慈大悲的观音菩萨

　　布卡内罗湾没有沙滩，只有乱石、绝壁和凝灰岩锥。不知道这些凝灰岩锥经历了多少万年的栉风沐雨，现在锥体上已长满了各种植物，有草、有灌木，还有刺梨仙人掌。虽然植物不算茂盛，但在加拉帕戈斯已然是上好的生态环境了。良好的自然条件必然会引来百鸟争鸣，纳斯卡鲣鸟、蓝脚鲣鸟都在这里休养生息，最难能可贵的是熔岩鸥也在这里筑巢繁衍。

　　冲锋艇行至一个崖壁旁，几对卿卿我我的熔岩鸥吸引了我们的眼球。熔岩鸥是加拉帕戈斯的独有物种，而且数量非常少，仅有300~400对，被世界自然保护联盟（International Union for Conservation of Nature，IUCN）列为易危物种。之前的探险活动偶尔能看到一只，但却一直没能看到成双成对的熔岩鸥，今天不期而遇让我感到由衷的幸运。

熔岩鸥因浑身上下的颜色与熔岩差不多而得名

相视无语

杰夫说，熔岩鸥之所以叫"熔岩鸥"，并不是因为它们生活在熔岩横流的区域，就像我们之前看到的熔岩蜥蜴、熔岩仙人掌那样，而是因为它们浑身上下的颜色与熔岩差不多。熔岩鸥除了尾羽、腿、爪子和鸟喙是黑色的，身体其他部位都是深灰色，如果它们站在暗处，很容易被忽略。尽管熔岩鸥的主色调是深灰色，但是，它们那双明亮眼睛周围却有一个白色的眼环，这个白色的眼环会提醒你它们的存在。

燕尾鸥张嘴见红

熔岩鸥全年都会进行繁殖，但大多数是在5—10月进行。熔岩鸥一次产两枚卵，卵呈橄榄绿色。孵化期为30天，破壳的雏鸟60天后就会羽翼丰满。

熔岩鸥是杂食者，什么都吃，连人类丢弃的厨余垃圾也吃。不过，它们最喜欢抓捕的是刚出窝的小象龟、小蜥蜴、小陆鬣蜥以及海鸟下的蛋。都说熔岩鸥只在伊莎贝拉岛以西的岛屿沿岸生活，可是后来在圣克鲁斯岛的鱼市和巴卡斯海滩（Las Bachas）我们也看到过，因为鱼市上有厨余垃圾，巴卡斯海滩也有人类活动的抛弃物。看来，万事万物都不是一成不变的，只要有充足的食物，什么鸟都会改变自己的生活习惯。

看到熔岩鸥，我不禁想起在东线航行时常常看到的燕尾鸥。燕尾鸥从体形上看与熔岩鸥差不多，但靠近仔细端详，差别就大了。燕尾鸥的颜值很高，素有鸥中美人的称号。无论飞翔还是站立，远视还是回眸，都美得让人惊艳。燕尾鸥头部的羽毛是黑色的，脖子是浅灰色的，肚皮是白色的，双翅展开时，中间还有个浅褐色的三角区，这一身灰里透白的羽毛高贵又典雅。燕尾鸥身上除了黑、灰、白和褐色，还有3处红色。一处在眼睛，眼睛周围有一个红眼环；一处在下肢，红色的双腿和脚趾；还有一处在口腔，它们张开嘴时，可以很清楚地看到上颌下颌都是红色的。

良好的自然条件引来百鸟争鸣，纳斯卡鲣鸟在这里养儿育女（有白色绒毛的是雏鸟）

燕尾鸥有超凡的夜视能力，能在夜间捕食，是名副其实的"夜行侠"。它们喜欢吃身体发光的鱿鱼，这种鱿鱼在强烈的阳光下不易辨认，只有夜间才易发现。也许就是这个饮食偏好，让燕尾鸥演化出极强的夜视能力。

绝大多数燕尾鸥在加拉帕戈斯东部岛屿上生活，只有一小群在哥伦比亚西海岸的马尔佩洛岛（Malpelo Island）上扎营。燕尾鸥全年都可以进行繁殖，数量为10000~15000对，属于无危物种。

加拉帕戈斯还有一种体形与燕尾鸥、熔岩鸥近似的鸟，名字叫"哀鸽"。哀鸽也很漂亮，背羽和胸羽都是深褐色，翅膀的羽毛是黑、白、褐三色相间，鸟喙与模仿鸟相似，长长的、尖尖的。哀鸽的亮点在它的眼睛和脚爪。眼睛大而明亮，而且还有一个蓝眼环；腿和爪子是鲜红色的，抓物很有力。

巡游结束，在返回邮轮的冲锋艇上，大家似乎忘却了"观音"，话题都集中在了曾经见过的三种体形近似而美丽的鸟上。这三种鸟烙在我心中的印象是它们醒目的眼环：红色的是燕尾鸥，白色的是熔岩鸥，蓝色的是哀鸽。

颜值极高的燕尾鸥

它们都有美丽的眼环

红眼环的燕尾鸥

白眼环的熔岩鸥

蓝眼环的哀鸽

厄瓜多尔火山

罗卡角奇遇

加拉帕戈斯群岛的西侧，有一个形状酷似海马的岛屿。它头枕着赤道，脚踩着南纬1度线，南北长120千米，面积为4640平方千米，是整个群岛中面积最大、跨度最长的岛屿。1684年，它被第一批涉足者命名为"阿尔比马尔"（Albemarle），之后，又以西班牙女王的名字"伊莎贝拉"冠名，也许是因为这位女皇资助了哥伦布的大航海活动。"伊莎贝拉"这个岛名沿用至今。

4月17日凌晨1点，我们的邮轮从南半球越过赤道到达北半球，在北半球绕过伊莎贝拉岛的"海马头"回到南半球，最后在"海马嘴"的文森特·罗卡角（Punta Vicente Roca）抛锚。这一个大回转让我和多一在这次旅行中第四次跨越赤道。不知为什么，每次跨越赤道心中都有一种莫名的神圣感，都感觉好像完成了一件什么大事。其实，有这种神圣感的何止我们。昨天晚上，在"回顾与预告"会上，探险队长伊兹瑞尔给我们讲了这样一个故事：有位欧洲来的游客，在邮轮即将跨越赤道时异想天开地请求船长允许他下海游过赤道。这个请求显然不合规定，加拉帕戈斯国家公园规定，游客不能随意下海，只能在规定的时间和规定的海域下海浮潜或深潜。然而他的请求又在情理之中，游过赤道，毕竟是一生难得的经历。船上几位身强力壮的游客听说后，也要求加入。起初，船长举棋不定难做决定，但看着他们渴望的眼神，船长最终答应，并派了几位水性好的探险队员陪同。在探险队员的保驾护航下，勇士们顺利地游过赤道，完成了"横渡赤道"的壮举。回到邮轮，船长开香槟酒为他们祝贺，大家视他们为英雄。

地球上有无数条纬线，唯独赤道最特殊。这条线是地球表面的点随地球自转产生的轨迹中周长最长的圆周线，地球以这条线为基准划分为南半球和北半球。赤道还是地球重力最小的地方，南北半球的水流在这里向不同的方向转圈。我非常好奇：那几位游客横渡赤道时，感到更轻松还是更费劲？从南半球到北半球水流旋转方向的改变是否会影响他们的游泳速度？他们双臂划过赤道时有什么样的感觉和感悟？

伊莎贝拉岛是加拉帕戈斯群岛中最年轻的岛屿，形成于100万年前，相比东南部的埃斯帕诺拉岛和圣克里斯托巴尔岛，只能算是小弟弟。伊莎贝拉岛上从北到南排列着6座火山，它们分别是：厄瓜多尔火山（Ecuador Volcano）、沃尔夫火山（Wolf Volcano）、达尔文火山（Darwin Volcano）、阿尔塞多火山（Alcedo Volcano）、内格拉火山（Sierra Negra Volcano）和阿苏尔火山（Cerro Azul Volcano）。这6座火山中，位于"海马"头部的厄瓜多尔火山和达尔文火山比较安静，在过去的50年里没有爆发过，其余4座火山少则爆发过2次，多则爆发过四五次。岛上最近一次的火山爆发是2022年1月6日，这天子夜，位于伊莎贝拉岛中部的沃尔夫火山喷发，岩浆沿着南坡和东南坡倾泻而下，所幸没有人员伤亡。

地质学家考证，伊莎贝拉岛形成前是6座互不相连的火山，其中3座（沃尔夫火山、达尔文火山、阿尔塞多火山）处于同一条断裂带上。火山不断喷发，火山灰和火山熔岩不断外溢，久而久之，处于同一条断裂带的3座火山组成了"海马"长长的身躯，厄瓜多尔火山变成了"海马"的头，内格拉火山和阿苏尔火山变成了"海马"往上蜷起的腿。大自然如此巧妙地把6座火山连成一座大岛，直叫我们这些俗人看得目瞪口呆。

文森特·罗卡角在伊莎贝拉岛的最西头，海角周围的海岸，不是陡崖就是峭壁，很不适合登陆，所以早餐后，邮轮安排我们巡游。冲锋艇刚驶出没多远，一座完美的火山便出现在面前，"厄瓜多尔火山！"有人激动地站起来指着火山大声喊。探险队员胡安忙叫那位游客坐下来，在行进中的冲锋艇上站立是很危险的。

也许因为年轻，厄瓜多尔火山的火山口边沿很完整，看不到一点破损和缺口。细沙般的火山灰顺着火山口倾泻而下，锥状的山体匀称而平缓，火山口中间碗状的凹地清晰可见。火山口的中间为什么会是一个凹地呢？

伊莎贝拉岛的六座火山巧妙地排列成海马状

达尔文对此有研究。他认为：火山内部有一个巨大的岩浆房，火山的喷发会导致岩浆房的岩浆排空，岩浆排空后，岩浆房自然会塌陷，于是，火山口中心便形成了碗状的凹地。

对于火山，我们一般只能仰视，只能看到它们的锥体，看不到它们碗状的凹地，而在伊莎贝拉岛的海面上，平视就能清楚地看到这只"大碗"。大家指指点点热烈地讨论着厄瓜多尔火山，突然海面一阵骚动，原来是一群海豚游了过来。霎时间，海面像煮沸的开水，到处都咕嘟咕嘟地翻着浪花。海豚们跳跃翻滚、闪展腾挪，一会儿跃出海面，一会儿潜入水下，一会儿甩出尾巴拍打海水，一会儿钻出水面冲你摇摇头，总之，极尽"疯癫"之能事。在这之前，我看过的海豚都是经过人工驯化的，它们能跟着驯养师的口令做一些匪夷所思的动作。可是今天我们面前的海豚完全是野生的，没有经过任何驯化，它们所有的"表演"都是随心所欲，即兴发挥。在动物园或舞台上，你只能看到一两只具有表演能力的海豚，而此时，游弋在我们面前的却是成百上千只。这么多海豚在一起，即便只是此起彼伏地跃出水面，也足以让你感到壮观。

都说海豚是动物世界的大智慧，它们的大脑有复杂的沟回，具有较强的学习和记忆能力。科学家认为，海豚的思维能力相当于人类 8 岁的孩子，如果是这样，它们今天的表现很可能是有意识的，是故意表演给我们看的。海豚天生就与人亲近，看到人来了，疯一疯、癫一癫也很自然。海豚的上蹿下跳搅得冲锋艇颠颠簸簸，探险队员要求我们双手紧紧地抓住绳索，这样就腾不出手来抓拍海豚的各种"表演"，心中好不遗憾。虽然没有拍到好照片，但能看到这么壮观的海豚游弋，也算大饱眼福了。

海豚游走了，海面恢复了平静。冲锋艇沿着海岸线缓缓前行，突然，海面上冒出了一个三角状的东西，胡安叫我们快看，是绿海龟！早就听说加拉帕戈斯有绿海龟，但是在群岛之间转悠了这么长时间，却一直没见到，今天遇上绝不能错过。我们请胡安加快速度，让冲锋艇追上绿海龟。可是，胡安却熄了火，任由冲锋艇在海面上漂荡。胡安说，这片海域有不少绿海龟出没，大家静静地盯着水面看，一定还能看见。

一群海豚搅得海面像沸腾的开水

海豚们跳跃翻滚，闪展腾挪，极尽"疯癫"之能事

绿海龟在海面上露出三角形的头

绿海龟在水里呼扇着游弋，像一只飞翔的大鸟

　　果真，海面上不时冒出绿海龟的三角头。原来绿海龟是靠肺呼吸的，每隔一段时间都要把头伸出海面来换气。有了这个特征，找到它们就不太难了。据我观察，绿海龟其实一点都不"绿"，它们的肤色更接近深褐色。百度百科上介绍道，绿海龟的食物主要是绿色的海草和海藻，它们体内的脂肪因积累了许多绿色色素而呈淡绿色。看来绿海龟的"绿"表现在体内，而不是体外。

　　表面看起来海龟与陆龟除了四肢不一样，其他器官大致相同。但如果细看，还是有许多差别。陆龟的头可以缩进龟壳，海龟的头就缩不进去；陆龟的龟壳是圆圆的、隆起的，海龟的龟壳是扁扁的，像一片树叶；陆龟的四肢粗壮得像大象的腿，走起路来又笨又重，海龟的四肢都是鳍，在水里呼扇着游弋，就像鸟儿在飞翔。

　　绿海龟的体形也很庞大。成年绿海龟体长 1.5 米左右，龟壳的长度约 78~112 厘米，体重一般在 68~190 千克。不过也有例外，世界最大的绿海龟体重达 395 千克，龟壳长 153 厘米。在我们眼前神出鬼没的绿海龟体形都是普通尺寸的。

和象龟一样，绿海龟的体形也很庞大

绿海龟大多数时间在海中生活，但产卵时必须回到沙滩。绿海龟对后代的成长毫不负责，产完卵就返回海里，任由小海龟自生自灭。不论是龟卵还是破壳而出的小海龟都是老鼠、蚂蚁、军舰鸟、熔岩蜥蜴、陆鬣蜥和海鬣蜥的美味佳肴，所以小海龟的成活率很低，可能还不到1%。对于成年海龟，人类就是它们最大的天敌。人类一方面大肆捕捞，一方面破坏它们产卵栖息地，这样就使绿海龟的数量急剧下降。世界现存7种海龟，每一种海龟都是濒危物种，绿海龟也是其中之一。人类若再不对它们进行保护，绿海龟很有可能就会灭绝。

　　午休时，大家聚在探险家活动室，意犹未尽地聊着上午的所见所闻。聊得最多的是海豚，因为它们今天的表现太精彩了，而我念念不忘的却是绿海龟，毕竟它是地球上最古老的物种之一，已经繁衍了1.2亿年，是地球上唯一见证过恐龙兴衰的物种。

探险队员指引我们寻找绿海龟

遇见"哥斯拉"

海鬣蜥

不记得是哪一年，我看过一部美国好莱坞大片《哥斯拉》（*Godzilla*），影片中的哥斯拉短吻无鼻，可站立可爬行，丑陋无比却霸气十足。看后我很纳闷，电影的编剧怎么会创造出这样一个超级神兽？他们的灵感从哪里获得？直到登上费尔南迪纳岛，非常近距离地看到成堆成堆的海鬣蜥，心中的疑团才解开。原来"哥斯拉"的原型就是海鬣蜥，编剧的灵感就是来自这种顽强与大自然抗衡的加拉帕戈斯独有的爬行动物。

埃斯皮诺萨角位置图

费尔南迪纳岛的地理坐标为南纬00°22'，西经91°33'，是整个加拉帕戈斯群岛中最西侧的岛屿。从地图上看，费尔南迪纳岛像个圆球，蜷缩在伊莎贝拉岛的"肚子"上。两岛距离非常接近，中间仅隔着一条窄窄的玻利瓦尔海峡（Bolivar Channel）。也许再过几万年，倾泻的岩浆和喷洒的火山灰会把玻利瓦尔海峡填平，让费尔南迪纳岛与伊莎贝拉岛接壤，因为这两座岛屿上的火山都非常活跃。费尔南迪纳岛长34.9千米，宽27.8千米，面积为642平方千米。岛上的最高点是孔布雷火山（La Cumbre），海拔1476米。这个岛屿正好坐落在地球的热点上，是热点制造出来的最年轻的盾形火山岛，年龄还不到100万岁。

正是因为年轻，费尔南迪纳岛总是不消停，隔三岔五就会弄出个动静。自1959年加拉帕戈斯国家公园成立到2009年，孔布雷火山喷发了13次，最近一次喷发发生在2020年1月14日，我国的中央电视台对此进行了报道。频繁的火山喷发，使孔布雷火山口不断地扩展、塌陷，现在已达6.5千米。费尔南迪纳岛上无人居住，所以世人对孔布雷火山的频繁喷发并不太在意。

也正是因为无人居住，费尔南迪纳岛的本土野生动物特别多，海狮、海鬣蜥、红石蟹、牛背鹭、褐鹈鹕、弱翅鸬鹚、加拉帕戈斯鹰等齐聚一堂。

我们在费尔南迪纳岛登陆的地点是该岛北面的埃斯皮诺萨角（Punta Espinoza），这里到处是黑乎乎的熔岩和黑乎乎的海鬣蜥。一堆一堆、密密麻麻、歪歪斜斜挤在一起的海鬣蜥，看着有点让人起鸡皮疙瘩。海鬣蜥喜欢群居，一年之中大多数时间生活在一个庞大的群体里。很难计算一堆海鬣蜥到底

影片中的哥斯拉

有多少只，它们首尾相连，互相挤压，常常分不清谁是谁。

　　海鬣蜥是加拉帕戈斯最常见的动物，几乎每个岛上都有，但是埃斯皮诺萨角的海鬣蜥比其他地方多得多，也黑得多。这么庞大的群体，让我们不得不驻足观看。既然停下了脚步，探险队员胡安就抓紧时间对我们进行科普：鬣蜥是一种生活在陆地的很古老的史前物种，远比人类早千万年诞生。加拉帕戈斯群岛形成后，鬣蜥随着洋流来到了这些荒岛。当时的加拉帕戈斯还是一片洪荒之地，极少的植被根本满足不了所有鬣蜥生存的必需，大多数鬣蜥在食不果腹中度日，为了活命，它们中的一部分转向了海洋，因为海洋的物质远比陆地要丰富。

　　物换星移，经过千万年的改变与适应，下海觅食的鬣蜥终于与在陆地上生活的鬣蜥分道扬镳，把自己演变成能够在海里游刃有余的物种。为了适应海洋生活，它们把自己的身长缩小到几乎只有陆鬣蜥的 2/3 左右（陆鬣蜥身长 90~110 厘米，海鬣蜥身长只有 60~75 厘米），把自己的体重减少到陆鬣蜥的 1/10 左右（陆鬣蜥的体重约 10~13 千克，海鬣蜥体重在 0.5~1.5 千克）。与此同时，海鬣蜥的爪子长出了适合游弋、像海禽一样的蹼；尾巴也延长了一些，达到了躯体的两倍。扁平而长长的尾巴像是渔船上的橹，在摇摆中产生动力，不但掌控了游泳的方向，而且大大提高了在水中行进的速度，使它们在浩瀚的海洋里随心所欲。就这样，一个既能下海捞食海藻、又能啃食陆地植物的两栖动物，在加拉帕戈斯群岛独特的环境里诞生了。海鬣蜥自诞生后就没有离开过加拉帕戈斯，所以，加拉帕戈斯海鬣蜥是世界的唯一，而不是之一。

它俩的关系好像有点儿特殊

　　仔细回想一下，我们在埃斯帕诺拉岛和拉维达岛上看到的海鬣蜥跟这里的不太一样，那两个岛的海鬣蜥背部皮肤是暗红色的，在暗红色之间还夹杂着一些黑斑，个头比这里的小，这里的海鬣蜥不仅个头大，肤色黑得也与地上熔岩几乎没有二色。胡安说，造成体形大小和肤色差异的原因主要在于摄取的食物。费尔南迪纳岛和伊莎贝拉岛周围海域有富含营养的上升流，上升流使这两个岛的海鬣蜥比别的岛上的海鬣蜥能获取更多的食物，吃得更好，所以这两个岛的海鬣蜥个头比较大。

　　都说海鬣蜥丑陋，1825 年，英国的一位战舰舰长乔治·拜伦在费尔南迪纳岛看到海鬣蜥后写道，这些爬行动物"像鳄鱼，但有一个更可怕的头部，而且呈现肮脏的、类似煤烟熏黑的颜色，它们坐在黑色熔岩块上，就像许多黑暗中的怪物"。达尔文也很不待见海鬣蜥，称它们为"海栖钝嘴蜥"。他在《"小猎犬"号科学考察记》中对海鬣蜥的描述是"长相丑陋，浑身乌黑，动作缓慢"。在此之后，海鬣蜥几乎成为丑陋的代名词。美国好莱坞大片《哥斯拉》以海鬣蜥为原型，塑造了一个在城市中横冲直撞的庞大怪兽，那些横七竖八挤在地铁一隅的"哥斯拉"，就是群居在一起的海鬣蜥翻版。

为了适应海洋生活，海鬣蜥的爪子上长出了蹼

　　和陆鬣蜥一样，海鬣蜥也有一对双眼皮的大眼睛，目光冷峻而炯炯有神；背上也有一排从颈椎延伸到整个躯干的棘刺，威风凛凛，像一位能征善战的古代士兵。它的四肢强壮，爪子尖利，这些优势让它在满是岩石的海岸动如脱兔，在洋流汹涌的海底安如磐石。至于它的鼻子和嘴巴就不敢恭维了，海鬣蜥似乎只有鼻孔，没有鼻梁，鼻子、嘴巴好像长到一块了。这一点点的与众不同，就是它"丑陋"的根源。

艺术源于生活，好莱坞影片中挤在地铁一隅的哥斯拉可能源于海鬣蜥这样的群居生活

　　我们不知道海鬣蜥祖先的鼻子是不是这样，但它们目前的"丑陋"肯定是生存所迫。科学家认为，动物的所有特征都不是无中生有，都有迹可循。海鬣蜥是"素食主义者"，它们的食物以海藻和苔藓为主，而海藻和苔藓往往长在岩石上，没有圆而钝的口鼻怎么可能贴近岩石啃食苔藓呢？试想，如果海鬣蜥有一个符合人类审美要求的高鼻梁，进食时，高高的鼻梁势必会顶住岩石而使嘴巴无法接触到食物。为了生存，海鬣蜥必须把鼻子削平、削短，让嘴巴毫无障碍零距离地贴近食物。

　　更有意思的是，每只海鬣蜥头顶都有一个坚硬的"小白帽"，这是海洋送给它们的"皇冠"。海鬣蜥下海捕食不可避免地会吞下大量的海水，摄入过多的盐分，自然演化让它们在眼睛和鼻子之间长出了一个盐腺，多余的盐分就从这个盐腺排到体外。海鬣蜥喷盐时会毫无顾忌地用力打喷嚏，细小的盐粒在喷嚏的作用下从盐腺喷射而出，像仙女散花一样撒落在自己的头顶、脊背或同伴身上，久而久之，它们就都戴上了"小白帽"。丑陋到极致也是一种霸气，戴上了"小白帽"的海鬣蜥，个个都凶神恶煞，都凶狠得像哥斯拉一样，霸气十足。

对于海鬣蜥来说，最大的危害不是鲨鱼这样的大型海洋动物，而是厄尔尼诺。海滩上有几具海鬣蜥完整的尸骨，胡安说，这是厄尔尼诺造的孽。厄尔尼诺现象每3~7年出现一次，在此期间，海水温度从18℃上升到32℃，寒冷、含有丰富营养的上升流停滞了，海鬣蜥喜爱的红藻、绿藻消失了，大量的海鬣蜥因饥饿死亡。1982年至1983年的厄尔尼诺使加拉帕戈斯群岛2/3的海鬣蜥死亡。现在海鬣蜥被列为"易危"物种。我们看到的海鬣蜥尸骨，可能是1992年至1993年发生厄尔尼诺那段时期留下的。

在接下来的自由活动时间里，大家在埃斯皮诺萨角看海狮的看海狮，看弱翅鸬鹚的看弱翅鸬鹚，不知谁发现树梢上站着一只鹰，一只加拉帕戈斯鹰！团友的大呼小叫，让我们把目光一下聚集到了树梢。由于距离较远，对它的细部看不太清楚，但那一双尖利、粗壮的爪子却给我留下了深刻的印象。

这是我们此次旅行唯一一次与加拉帕戈斯鹰相遇。从邮轮提供的资料得知，加拉帕戈斯鹰是本土特有的物种。它身高55厘米，双翼展开足有1.2米，如果不出意外，能活到30岁。加拉帕戈斯鹰视力极好，高空飞行侦察到地面猎物，便会急速俯冲，一双利爪准确抓捕。加拉帕戈斯没有大型的哺乳动物，于是加拉帕戈斯鹰堂而皇之地登上了食物链顶端的宝座，在这里称老大。

丑陋到极致也是一种霸气

海鬣蜥一打喷嚏，体内多余的盐分就像仙女散花一样排出体外

　　加拉帕戈斯鹰从不挑食，鸟、鼠、蛇、陆鬣蜥、海鬣蜥、熔岩蜥蜴、象龟和海龟的幼崽以及各种昆虫，岛上的所有动物几乎都是它们的美食佳肴。按理说，它们的生存环境比别的物种要好，应该大量繁殖，并成群结伙大量地占据各个岛屿，但现实却出乎意料。几百年前加拉帕戈斯的每个岛屿上都有鹰，而且数量庞大，自从人类来到东太平洋的这群孤岛，加拉帕戈斯鹰就遭到了灭顶之灾。由于没有天敌，加拉帕戈斯鹰不知怕为何物，对到访的人类不知设防，随便一个人一抓一个准。达尔文在他的考察记中有过这样的记载："在这里，枪是多余的。我曾经用枪管把一只鹰从树上捅了下来。"

　　人类的无度猎杀，使加拉帕戈斯鹰的数量急剧下降，现在只剩下400~500只，成为濒危物种。在加拉帕戈斯19个面积超过1平方千米的岛屿中，已有5个见不到加拉帕戈斯鹰的踪影了，其他岛屿也很难见到。今天能目睹它的尊容，不能不感叹我们的运气。

　　日落西山，海风带着丝丝凉意徐徐吹来，这是秘鲁洋流和克伦威尔洋流带来的凉爽。多日来的科普，已经让我对这两股寒冷的洋流有了深厚的感情。它们是加拉帕戈斯群岛生命的洋流，希望的洋流，幸福的洋流。如果没有这两股虽然寒冷，却富含食物养分的洋流，加拉帕戈斯将永远是死气沉沉的洪荒之原，永远是没有任何生命的千里赤地；如果这两股寒冷的洋流改弦易辙，生活在加拉帕戈斯的大型海鸟将无处觅食，加拉帕戈斯企鹅将无处藏身，弱翅鸬鹚将终止繁衍，海鬣蜥将尸骨成片……真担心厄尔尼诺再次袭来时，这些可爱的动物们挺不过去。我在享受这点凉意的同时，心中也默默祈祷，但愿加拉帕戈斯年年风调雨顺，但愿寒冷的洋流年年如期而至。

加拉帕戈斯鹰

雄浑的塔古斯湾

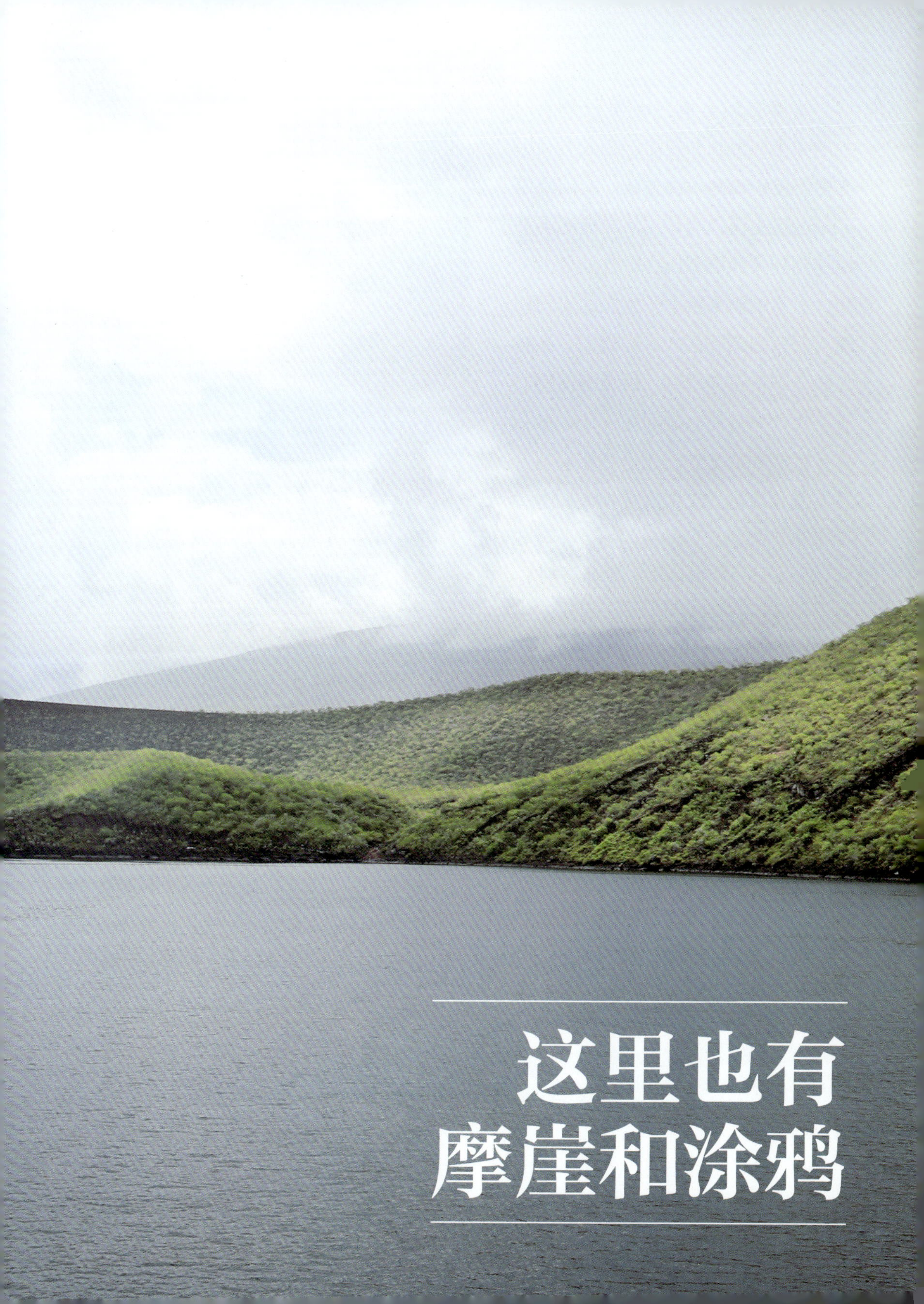

这里也有摩崖和涂鸦

摩崖石刻是指在山崖石壁上刻写的文字、图画和造像，是人类利用天然石壁记事的一种方法。我国摩崖石刻的历史源远流长，从史前的洪荒时期到后来的历朝历代，各处名山大川、风景名胜都留下了祖先的岩画和名人过客刀刻斧凿的诗词箴言。涂鸦原指儿童的乱涂乱画，后逐渐演变成在都市街头巷尾、胡同里弄以墙壁为载体的画作和文字。无论是摩崖石刻

塔古斯湾位置图

还是随性涂鸦，大多发生在人们常去的山水之间或人口密集的地方，可我万万没想到，在一个远离大陆的孤岛，一个人迹罕至的海湾崖壁上，居然看到了众多的摩崖石刻和随性涂鸦。

崖壁上的涂鸦

静谧的塔古斯湾

　　4 月 18 日早上，从费尔南迪纳岛回到伊莎贝拉岛，邮轮停靠在它西侧中部的塔古斯湾（Caleta Tagus）。还没下船，远远就看见岸边崖壁上有白漆涂抹的字迹，那些白漆涂抹的是什么字？那些字都记录了什么样的人类活动轨迹？带着种种疑问，早餐后，我们乘冲锋艇在塔古斯湾登陆。

　　探险队员杰西担任我们今天的领队，他在这个群岛从事自然向导工作已 30 多年。杰西介绍说，"Caleta" 是西班牙语中的 "小海湾"，"Tagus"（塔古斯）是一艘船的名字，至于为什么用这艘船的名字来命名如此静谧的小海湾则无从考证。崖壁上的石刻和涂鸦大多是船只的名称和到达的时间，这说明塔古斯湾曾是一个天然避风港，路经的船只都喜欢在这里停靠歇脚。

　　说完，他带我们来到一处崖壁，指着上面刻着的文字说："这是塔古斯湾最早的石刻。"我仔细辨认，除了 "1836、1866"，其他的字迹都十分模糊。这两组数字显然是年代，当年刻字的人想告诉后人什么呢？我心里编织了这样的故事：1836 年，一艘海盗船或捕鲸船来到塔古斯湾，船员登陆休息时，在崖壁上刻下了自己的船名，以示 "到此一游"。30 年过后，又有一艘船在此地停靠，发现了崖壁上的石刻，觉得自己也要留下点什么，于是效仿上一艘船，在崖壁上也刻下了自己的船名和停靠时间。

塔古斯湾的涂鸦区

"1836、1866"是塔古斯湾崖壁上年份最早的摩崖

1924年"圣·乔治"号船曾在塔古斯湾停靠

1933年留下的涂鸦

三艘瑞典船的留名

这可能是瑞典某家广播电台工作人员于1932年经停时留下的"杰作"

"MOANA"号船和"TROPIC BIRD"号船的留名

1987年最后一天经停的船只留名

　　都说榜样的力量无穷，有了先人的榜样，后来的船只上岸后纷纷"签到留名"，刷存在感。1924年，"ST. GEORGE"用石刻"签到"，1933年12月5日"ABBITT"用白漆"签到"，在这之后，好像都是用白漆或红色的颜料留名，费时费力的石刻没人用了。有一面崖壁留下了不同年份的3艘瑞典船名，第一艘"CRETEL SWEDEN"（标记的年份已看不清），第二艘"LUNKENTUSS SWEDEN– 63"，第三艘"VAGABOND SWEDEN–73"，后两艘船名的数字"63""73"应该是船只到达的年份。这三艘瑞典船不远万里来到加拉帕戈斯干什么？捕鲸还是科考？我们不得而知。

　　还有几处"签到"比较清晰的船名，比如"RADIO""FERNANOIZ""MOANA"和"TROPIC BIRD"。耐人寻味的是，在"TROPIC BIRD"的下一行还涂抹了一个摄影机的标识，旁边标注了"54"的字样。我猜测，1954年，"TROPIC BIRD"远航时，乘客中有一个摄制组，船家认为带着摄制组远航是一种无上的荣耀，于是便在自己的船名下画上了摄影机的符号。距现在最近的"签到"船只是"CHUBASCO"，到达的时间是"31–12–87"，换作中国对日期的表述应该是"1987年12月31日"。

黄色的加拉帕戈斯棉花，又名达尔文棉花

五瓣黄花

黄色风铃花

白色牵牛花

　　雁过留声船过留名，希望"签到留名"的行为成为历史，今后不再发生。接下来是登山活动，要沿 1800 米的步道登上山顶。我们即将登顶的山实际是一个大型的凝灰岩锥，是火山灰堆积而成的山丘。几天前我们在巴特洛梅岛看过一些凝灰岩锥，当时觉得那里的凝灰岩锥形态完整，体积庞大，可是到了塔古斯湾才发现巴特洛梅岛的凝灰岩锥只能算是小字辈。真是有比较才会有伤害！相比之下，塔古斯湾的凝灰岩锥可以用巨大无比来形容，若不是杰西点拨，我们根本不知道自己是在一个凝灰岩锥中行走。同是凝灰岩锥，巴特洛梅岛展示的是一幅地老天荒的模样，而塔古斯湾呈现的却是一副生机盎然的景色。这里植被茂密，鸟语花香。山坡上虽然没有参天大树，但低矮的灌木、树菊、加拉帕戈斯棉花（Galapagos cotton），以及白色和黄色的牵牛花，令整个凝灰岩锥朝气蓬勃。

话分两头，这里虽然生机盎然，色彩却很单调，除了绿色、黄色和白色外基本看不到别的色彩。来加拉帕戈斯之前，我看过一些相关的攻略，不少人都把加拉帕戈斯描绘成鲜花盛开、异草遍地的地方。其实加拉帕戈斯真没什么奇花异草，就连鲜花都很少，色彩鲜艳的花卉基本绝迹。原因很简单，一般色泽鲜艳的花卉需要蜜蜂、蝴蝶这样的昆虫帮助传授花粉，而加拉帕戈斯群岛远离大陆，蜜蜂、蝴蝶这样弱小的昆虫很难漂洋过海来到这里。目前，加拉帕戈斯只有一种名叫"木匠蜂"的蜜蜂，这种蜜蜂只采集黄色、白色鲜花的蜜，别种颜色的花朵不予理睬。无蜂采蜜，奇花异草就不能繁殖，为了生命的延续，在自然法则的作用下，加拉帕戈斯的花卉选择了木匠蜂喜欢的颜色，只保留黄色和白色。

　　赏花让我们与同来的游客拉开了一段距离，本想加快脚步追上去，可没走多远就被一个美丽静谧的湖泊拽住了脚步，不禁驻足拍照观赏。这个湖叫达尔文湖（Lago Darwin），湖水绿绿的、静静的，就像一颗镶嵌在深山里的绿宝石。面对如此潋滟的湖水，我突然感到有点恍惚，觉得自己好像到了四川的九寨沟，抑或是克罗地亚境内的十六湖。这个曾被巴拿马主教贝尔兰加诅咒的魔鬼岛，怎么会有一池如此静好的湖水？达尔文湖美得让人心醉神迷，让人感到不真实。这几天，看惯了寸草不生的熔岩、毫无生气的火山、奇形怪状的凝灰岩锥，猛然间看到这么美丽的湖泊真有点不适应。我和多一在湖边伫立良久，直到杰西催我们前行。

　　原以为登到山顶会看到无限风光，其实不然，距山顶大约还有20米，绿植就不见了，取而代之的是大块大块黑色的凝灰岩，我们一下从"九寨沟"回到了加拉帕戈斯的真实。凝灰岩的表面凹凸不平，不小心碰上去，很可能会擦破身上的表皮。站在山顶环顾四周，北边不远处是浓云笼罩的达尔文火山和倾泻而下的火山熔岩，黑黢黢的熔岩一直延伸到海边。再往远看，还是火山，还是熔岩滩。我很纳闷，塔古斯湾和周边的地貌怎么像是冰火两重天呢？一边是长满树菊的凝灰岩锥，一边是了无生机的熔岩滩。按我的理解，这个区域应该像沙利文湾和巴特洛梅岛那样一派地老天荒的模样，怎么会非常突兀地冒出一个草丰林茂的凝灰岩锥？想到这里，我突然明白，100多年前，塔古斯湾为什么会成为过往船只停泊的港湾，崖壁上为什么会留下那么多石刻和涂鸦。因为离开这里，不论是往北还是往南，在伊莎贝拉岛都很难找到一片树荫、一滴淡水。

风光无限的达尔文湖

山顶光秃秃的，只有凝灰岩

临近中午，在返回邮轮的冲锋艇上发生了一个很有意思的小插曲。一位游客突然发现杰西的裤腿上有一条绿色的毛毛虫，便招呼大家赶快看。为了让我们清楚地观察这条毛毛虫，杰西把它弄到手上展示。他会怎样处理毛毛虫？掐死还是扔进海里？我们都在揣测。没想到杰西选择了返航，选择把毛毛虫送回塔古斯湾。"为什么一定要返航？随便把它放在哪个岛不行吗？""不行。"杰西斩钉截铁地答。"为了维持物种的纯粹性，必须坚持从哪儿来回哪儿去的原则。"在返航的途中，他告诉我们，这是第二次毛毛虫爬到裤子上了。第一次，他也是选择把

探险队员杰西展示爬到他裤腿上的毛毛虫

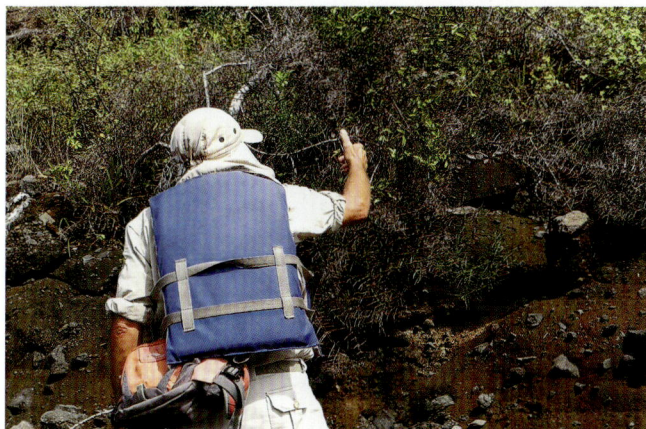

杰西把毛毛虫放归塔古斯湾

毛毛虫送回原岛，可是他刚刚小心翼翼地把毛毛虫送到岸边，一只熔岩蜥蜴爬过来冷不丁地将毛毛虫一口吃掉。杰西对此毫无思想准备，气得差点背过去。怎么办？总不能把那只熔岩蜥蜴抓来打一顿吧，熔岩蜥蜴也是为了生存啊！杰西只能暗自伤心。

听了杰西的故事，我们不禁为他现在手捧的毛毛虫担忧，真怕它一上岸又被熔岩蜥蜴吃掉。冲锋艇靠近塔古斯湾的岸边，杰西轻轻地把毛毛虫放到岸边的岩石上，看到岩石上没有熔岩蜥蜴，大家都松了一口气。其实，我们心里都很明白，这只毛毛虫早晚会被熔岩蜥蜴或雀鸟吃掉，毕竟，毛毛虫处于食物链的底层。

退化、进化
还是演化

4月18日正在露天烧烤餐厅吃午饭，忽见远处乌云密布，水天之间好像拉起了一道灰色的纱帘。哎呀！那边下雨了，我们看到的"纱帘"，其实就是雨。怎么会这样？我们头顶可是白云飘飘，天色蓝蓝啊！看到我们惊奇的样子，餐厅服务员前来解释说："加拉帕戈斯的天气就是这样，经常这边是蓝天白云，那边是大雨滂沱。"此情此景令我想起宋代诗人蔡襄的名句："天际乌云含雨重，楼前

伊丽莎白湾位置图

红日照山明"。真希望我们正在享受的"楼前红日"驱走那边的"天际乌云"，因为下午我们要去"那边"的伊丽莎白湾巡游。

老天还算给面了，下午4：30出发时，虽有山雨欲来之势，但雨并没有下来。伊丽莎白湾没有登陆的地方，岸边是一片寸草不生的礁石。一眼看过去，好像有好多海鸟站在上面，靠近一看，原来是蓝脚鲣鸟、加拉帕戈斯企鹅和弱翅鸬鹚。东线探险时，我们已多次与蓝脚鲣鸟相遇，而加拉帕戈斯企鹅和弱翅鸬鹚不仅少见，而且即便遇到也是远远地观望，现在能这么近距离地接近它们，真叫我们欣喜若狂。

冲锋艇靠近一只加拉帕戈斯企鹅，它不躲不闪，只是自顾自地梳理羽毛。企鹅就是这样，很高傲，一贯我行我素、孤芳自赏，从不把人放在眼里，无论你怎么向它示好，它都不会多看你一眼。

由于距离近，我们可以非常仔细地观看。加拉帕戈斯企鹅真小，身高只有50厘米左右，体重约2.5千克，脚的长度也只有10厘米左右。世界上最大的企鹅——帝企鹅的身高为90~120厘米，体重约50千克；体形居中的阿德利企鹅，身高也有72~76厘米，体重约6千克。相比之下，加拉帕戈斯企鹅真是家族中的小矮人，是世界最小的企鹅之一。

"天际乌云含雨重"

"楼前红日照山明"

与加拉帕戈斯企鹅不期而遇，令游客兴奋不已

　　众所周知，企鹅是喜寒动物，大多生活在南半球，特别是南极和南温带地区，位于赤道附近的加拉帕戈斯怎么会有企鹅呢？探险队员胡安解释说，加拉帕戈斯企鹅是随秘鲁洋流从南极来到这里的。寒冷的秘鲁洋流，包裹着大量浮游生物，一路向北到达赤道。在赤道，这股寒流与赤道暖流交汇，两大洋流的交汇把海水搅动得上下翻腾，位于下层的寒流垂直上升，随它北上的浮游生物也同时上升到海面，使加拉帕戈斯海域充满了极丰富的海洋生物。贪吃的南极企鹅跟随着秘鲁洋流边吃边玩，不知不觉地来到了加拉帕戈斯。它们发现这里的生活条件比南极好多了，不用受冻也不会挨饿，只要改变一下自己就能舒舒服服地活下来，于是决定不走了，就在这里定居。为了适应赤道地区的炎热，它们降低了身高，把原来又密又厚的羽毛变得又稀又薄。虽然加拉帕戈斯在秘鲁洋流的滋养下比较凉爽，但在烈日当空的大白天，气温也可以飙升到40℃左右，这个温度对于企鹅来说是致命的，所以白天它们常躲在水里避暑，日落后才回到陆地上过夜。看来，邮轮安排我们下午4：30才开始巡游是非常明智的。

从南极大陆迁徙来的企鹅，为了适应赤道的炎热，用减法使自己成为世界体形最小的企鹅之一

很有意思，从南极游来的企鹅，仅在赤道经过的加拉帕戈斯落脚，赤道经过的其他国家和岛屿看不到它们的踪影，所以加拉帕戈斯企鹅是加拉帕戈斯的独有物种。它们当中90%聚集在伊莎贝拉岛和费尔南迪纳岛，只有很小一部分生活在赤道北边的捷诺维萨岛。如此，加拉帕戈斯企鹅又有了一个十分荣耀的头衔，即唯一一种能在赤道以北野外生活的企鹅。

我们也是在这3个岛上与它们不期而遇。不过，生活在捷诺维萨岛与生活在伊丽莎白湾的加拉帕戈斯企鹅长相略有不同。捷诺维萨岛的企鹅从眼睛到脖子有一圈环状的白色羽毛，胸部黑色羽毛的中间也有一道白色的羽毛，喙根处有一点粉红，眼睛周围也有一点粉红，外形很像麦哲伦企鹅和洪堡企鹅，生活在伊丽莎白湾的企鹅没有那一点粉红，但它们都属于环企鹅家族中的一种。

生活在捷诺维萨岛的加拉帕戈斯企鹅，喙根和眼睛周围有一点粉红

弱翅鸬鹚翅膀萎缩得像破碎的芭蕉叶

　　正常情况下，加拉帕戈斯企鹅能活到 15~20 岁。它们的繁殖，不受时间和季节的限制，只受制于水温的高低。水温低于 24℃时，繁殖活动比较频繁，水温高于 24℃时，它们就可能停止繁殖。一般来说，一年可繁殖 2~3 次，每巢产卵 2 枚。和其他种群的企鹅一样，加拉帕戈斯企鹅遵循的也是一夫一妻制。一旦定亲，终身为伴。雌企鹅产卵后，夫妻双方共同孵化、共同喂养，直到小企鹅能完全独立觅食。整个过程需要 3~6 个月的时间。

　　加拉帕戈斯企鹅是世界上数量最少的企鹅，目前只有 500 只左右，濒临灭绝，被世界自然保护联盟列为濒危物种。加拉帕戈斯企鹅的数量曾经达到过15000 只，1983 年的厄尔尼诺使它们的数量锐减了 70%，1998 年厄尔尼诺再次来袭，它们的数量又减少了 60%。另外，外来物种（如猫、狗之类）的偷袭，渔民捕鱼时的误伤，都给加拉帕戈斯企鹅带来了无法挽回的伤害。

世界上唯一一种失去了飞翔能力的鸬鹚——弱翅鸬鹚

　　离开加拉帕戈斯企鹅，胡安让我们把注意力集中到弱翅鸬鹚身上。弱翅鸬鹚之所以冠之以"弱翅"，是因为它们的翅膀非常"弱"，弱到失去了飞行的能力。世界上共有 28 种鸬鹚，其中 27 种既能飞翔又会潜水，唯独加拉帕戈斯的鸬鹚只能潜水，不能飞翔。

　　站在礁石上的弱翅鸬鹚有的伸展着自己弱小的翅膀，有的无所事事萌呆呆地站在岩石上。胡安说，那些伸展翅膀的，可能是刚下海捕食回来的。弱翅鸬鹚的羽毛不防水，下水捕猎后必须晾干翅膀，否则很难再次下水。晾晒翅膀并不是一件轻松的事，一般需要站立两三个小时。

　　看似呆呆地站在岩石上的弱翅鸬鹚，其实并不是无所事事，它们正忙着排泄体内多余的盐分。胡安让我们注意它们喙尖带钩的地方，真的！弱翅鸬鹚的喙尖处正一滴滴地向下滴水。这些水不是普通的水，是它们体内多余的盐水。有了这些较为静止的动作，我们方有机会细细地端详它们。

通过喙把体内多余的盐排出体外

弱翅鸬鹚也算是一种大型海鸟，体长约 100 厘米，体重约 5 千克，比生活在加拉帕戈斯的其他大型海鸟略小，颜值也远远比不上其他海鸟。弱翅鸬鹚的脖子又细又长，喙又长又尖，翅膀又短又小，与它们的身体极不相称。弱翅鸬鹚体色黑中带褐，翅膀上的羽毛稀稀疏疏，伸展时就像一片在风中摇曳的破芭蕉叶。可怜的弱翅鸬鹚啊，演化虽然让它获得了生存能力，却让它失去了祖先的美丽。正当我为弱翅鸬鹚的相貌无限惋惜时，却发现它有一双蓝宝石似的眼睛，这双明眸凝视远方、含情脉脉，如果换作少女，不知能迷倒多少帅哥。上天还是公平的，它让弱翅鸬鹚失去了强健的翅膀，却送给它一双美丽的眼睛。

"弱翅鸬鹚为什么会变成这个样子？"

胡安讲解道，大约距今一百万至几十万年前，弱翅鸬鹚的祖先随着西行的南赤道洋流，非常偶然地来到加拉帕戈斯。刚一落脚，它们就惊喜地发现，这里的浮游生物特别丰富，鱿鱼、章鱼、鳗鱼等俯拾皆是，无须远行，近海就能轻轻松松饱餐一顿。更重要的是，这里没有天敌，没有猫、狗这类致它们于死地的哺乳动物，它们完全可以无忧无虑地生活。于是它们选择了留下，不再漂泊。在日后的生活中，它们感到潜水比飞行更重要。海中有大量的食物，而陆地上除了乌漆麻黑的熔岩，什么吃的都没有。频繁地潜水，翅膀就成为累赘。庞大的翅膀不仅降低了肢体在水下的灵活性，还会耗费太多的体能，于是弱翅鸬鹚让自己的翅膀萎缩到原来的三分之一，让自己的腿和脚趾演变得比鹰腿和鹰爪还粗壮。

弱翅鸬鹚有一双蓝宝石似的眼睛

下水过后，晾晒翅膀

与此同时，它们的体重增加到原来的两倍，喙也变得更长，喙的尽头还长出了尖利的弯钩。尽管其他种类的鸬鹚也是潜水高手，但弱翅鸬鹚的这些演变能让它比自己的同类潜水阻力更小，潜水速度更快，下潜尺度更深，在水下逗留的时间更长，这就意味着它们能比其他同类捕获到更多的猎物。

为了适应新的生活，弱翅鸬鹚演化出布满蹼的大脚

"这些弱翅鸬鹚哪只是雄哪只是雌？"多一冷不丁地问了一句。胡安回答说："雄、雌弱翅鸬鹚外表差别不大，只是体形的大小略有差别。一般来说，雄鸟比雌鸟略大一点，如果单看一只，不易判断。"

弱翅鸬鹚的生活习性跟别的海鸟大不一样，它们的求爱过程在水下完成。相互有好感的雌、雄二鸟结伴入水，在水中，它们把长长的脖子扭成"S"状，互相缠绕在一起嬉戏玩耍，尽兴了便上岸筑巢。筑巢的材料主要是水草和树枝。巢筑好后，雄鸟会下海捕捞一些海星、海胆和小鱼作为礼物送给雌鸟，雌鸟则小心翼翼地把这些礼物放在巢穴里。弱翅鸬鹚筑巢一般在每年的7—10月，这时加拉帕戈斯海域内的食物最为丰富，气温也相对凉爽，有利于雏鸟的发育成长。雌鸟一次产3枚蛋，但能顺利孵化的只有1枚。孵化由雌、雄亲鸟共同完成，喂养则主要靠雄鸟。

对于大多数鸟类来说，雌鸟会比雄鸟投入更多的时间和精力哺育后代，而到了弱翅鸬鹚这里，两性的角色却发生了转换。雏鸟的食物由雄鸟提供，雏鸟的安全也由雄鸟负责，雏鸟刚长出羽毛，雌鸟便会离开巢穴寻找新欢，留下雄鸟继续照料。弱翅鸬鹚的雏鸟实际是由父亲抚养长大的。

雌鸟为何如此"无情"？为何这样不负责任？究其原因，可能是它们生存状态决定的。由于失去了飞行能力，弱翅鸬鹚的活动范围很小，仅在伊莎贝拉岛和费尔南迪纳岛谋生，而且还局限于距海边100米左右的范围。这么小的活动范围不利于繁殖和发育，再加上气候的影响，它们的繁衍困难重重。1983年的厄尔尼诺更是雪上加霜，使弱翅鸬鹚的种群数量减少了一半，只剩下400只左右，几乎沦为濒危物种。如果雌性弱翅鸬鹚花很多时间和精力去哺育雏鸟，种群的繁殖速度和数量必然还会下降，所以，弱翅鸬鹚把养育的责任交给雄鸟，交配产卵的重担交给了雌鸟。雌鸟一年可以繁殖三次，这样高频率的繁殖也许能避免物种的灭绝。近几年，弱翅鸬鹚的数量有所增加，已达到1700只左右。

了解到加拉帕戈斯企鹅和弱翅鸬鹚的生存要面临这么多的挑战，尤其是气候变化的挑战，我们不禁对它们的未来忧心忡忡。如果气候变化的速度快于加拉帕戈斯企鹅和弱翅鸬鹚的繁衍速度，这两种弱小的物种会不会遭到种群灭绝的厄运？然而，谁能阻挡厄尔尼诺的发生，谁又能阻挡海水的升温？面对大自然，人类是多么无奈！

带着这样的忡忡忧心，我们离开了伊丽莎白湾。无论在非洲大草原还是在加拉帕戈斯，观赏野生动物往往是兴致勃勃而去，悲悲切切而归。在非洲大草原，我们满怀期待地去看狮子大战角马，可看到狮子撕扯着角马狼吞虎咽时，又禁不住潸然泪下。在加拉帕戈斯也是这样，大家高高兴兴地去看那些可爱的大鸟，可一看到遗弃在礁石上的尸骨，一想到它们不确定的未来又不免悲天悯人。

这种悲天悯人的感觉，让我对自然界的演化好像有了一点感悟。人们常喜欢用"退化"和"进化"来判断动植物的演化，可实际上自然界似乎并没有什么"退化"和"进化"可言，只有适应和顺应。弱翅鸬鹚翅膀的萎缩看似"退化"，但这种"退化"却帮助了它们更有效地适应环境，更自由地生活；加拉帕戈斯企鹅的体形变小，羽毛变少，也有人认为是一种"退化"，但这种"退化"却让它们丰衣足食、安居乐业。这种变化能用"退化"和"进化"来定义吗？我以为对于动植物的变化还是用"演化"来表述更为科学。

大自然不相信眼泪，在残酷的现实面前，只有那些勇敢地接受挑战，巧妙地改变自己，顽强地奋力求生，智慧地顺势而为的物种才能生存繁衍、发展壮大。

木桶传情

半夜，不知邮轮什么时候停靠到了弗洛里安纳岛的邮局湾。4 月 19 日清晨，站在阳台上向弗洛里安纳岛眺望，太阳已在帕加斯山（Cerro Pajas）的后面喷薄欲出，日出的光芒映得海面一片金黄。晚唐诗人韩偓曾有这样的名句："天际霞光入水中，水中天际一时红。"时间穿越了 1000 多年，日出的美妙仿佛亘古不变。帕加斯山是岛上唯一的火山，高 640 米，山顶就是弗洛里安纳岛的最高

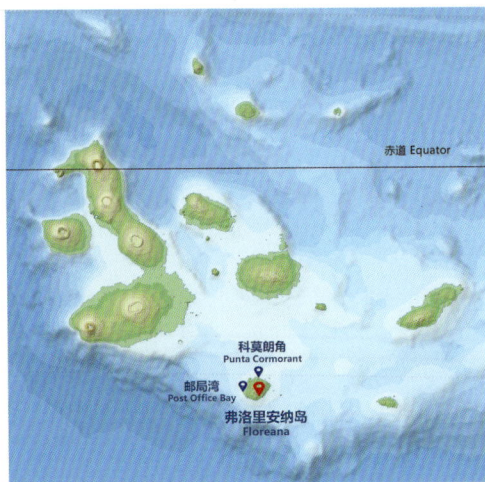

弗洛里安纳岛位置图

点。没人知道它最近一次喷发是何时，美国一艘轮船曾报告，1813 年 6 月观测到一次。

帕加斯山的日出

弗洛里安纳岛长 16 千米，宽 11 千米，面积 173 平方千米，从地图上看，像个不规则的矩形。它位于群岛的东南端，邻近埃斯帕诺拉岛，具体的地理位置是南纬 1°17′，西经 90°26′，大约形成于 150 万年前，在加拉帕戈斯算是中年岛屿。它是加拉帕戈斯四个有人类居住的岛屿之一，常住居民 100 人左右。

早上 8 点，我们登陆邮局湾。邮局湾因"邮局"而得名，可登岛一看，不禁哑然失笑，心中充满了疑惑，这也能算邮局？这个"邮局"上无一片瓦，下无一块砖，既没有遮风挡雨的办公室，也没有忙前忙后的工作人员。支撑这个"邮局"的只有 5 件东西：一根木棍，一个木桶，一个山形的小屋顶，一个水泥架，一个用白色涂料写着"POST OFFICE BOX"的木牌。小屋顶盖在木桶上，水泥架上有几件不知何人摆放的物件，邮局的招牌放在地上。很难令人信服，这五样东西拼在一起就能称为"邮局"？

可探险队员乔治介绍，自木桶竖立起来以后，它就风雨无阻、勤勤恳恳地履行了邮局最基本的职责，分文不取地帮助过往的船只传递信息，解除海员们的思乡之苦，而且一干就是几百年，并荣获"南美洲最古老邮局"的美誉。

加拉帕戈斯有那么多岛屿，"邮局"为什么偏偏选在弗洛里安纳岛设立？这事儿还要从它的自然条件说起。

弗洛里安纳岛也是一个火山岛，但自然条件却比别的岛屿略胜一筹。当年，岛上不但有淡水，还有不少野猪、野羊和大量的巨龟。这些东西对于在海上漂泊了几天、几周甚至几个月的海盗和海员来说，不亚于甘醇的美酒和令人垂涎三尺的珍馐美馔。18 世纪末，弗洛里安纳岛自然而然地成为过往船只休整并补充淡水和食物的重要基地。

在休整的日子里，不论是海盗还是海员都会思念家乡的亲人，于是他们发明了一种类似漂流瓶的方法来慰藉乡愁。需要传递家书的人，把写好的信件放进公用的木桶里，离岛的人把自己有可能送达的信件带走，回到大陆后再通过邮局寄出或亲自送达。

邮局的英文牌匾

南美洲最古老的邮局就是这么简陋

不论岁月的长河流向何方，木桶永远是邮局湾的标志（此图片为邮轮提供）

开始，谁也没有意识到这种互助传书的方式已具备邮局的初始功能，直到1792年，英国船长詹姆斯·科尔纳特（James Colnett）登陆弗洛里安纳岛，这一互助方式才被正式确定下来。科尔纳特船长非常正式地把一个木桶放在过往船只经常停靠的岸边，让大家把要寄送的信件放进木桶，这个木桶便是现代意义上的"邮筒"或"邮箱"。之后，他在自己使用的海图上用"邮局湾"标注了放木桶的海湾，从此，小小的海湾就有了"邮局湾"的美称。

这种看似简单的互助邮寄方式一直延续到今天，当然今天使用木桶传书的意义已非同以往，游客更多地视它为一种游戏，一种"到此一游"的纪念方式。虽说是游戏，但过程中也会发生一些意想不到甚至可能是天赐良缘的结果。

乔治在木桶前讲述了一个木筒传情的真实故事：一位来自英国的小伙子，在木桶中找到了一张需要寄往伦敦的明信片。取出这张明信片，他决定当一回"邮差"亲自送达。从加拉帕戈斯回到家乡，小伙子便认真地履行邮差的职责，按照地址送达明信片。送达前，他设想了许多收件人开门时的表情，有欣喜的，有悲伤的，有信任的，还有怀疑的。谁知，敲开收件人的家门，出来迎接他的是一位年轻貌美的姑娘。她既不欣喜也不悲伤，既不信任也不怀疑，好像一切都在预料之中。姑娘温文尔雅的仪态刹那间征服了小伙子，她把小伙子请进家，两人相见恨晚，彻夜长谈。姑娘先于小伙子游览了加拉帕戈斯，明信片是她寄给自己的。共同的经历使两人一见如故，一见倾心。一年后，当他俩再次来到邮局湾时，已是一对比翼连枝的小夫妻了。

探险队员讲述邮局湾流传的故事

讲完故事，乔治非常严肃地从木桶里取出一大摞明信片，郑重其事地分给我们，让我们认真挑选，从中取出自己能够送达的。这一过程很有仪式感，乔治的严肃和认真，让我们感到好像要完成一项重大的使命。

木桶里的明信片有新有旧，最新的是一周前放进去的，最旧的已在木桶里沉睡了好几年，颜色泛黄，边角也已破旧，显然被无数人查阅过，但一直没有合适的人认领。我和多一挑出两张有可能亲自送达的明信片，一张收信人的地址在上海，另一张在北京。

寄往上海的明信片是女儿写给妈妈的，整个明信片的书写中规中矩。正文写道："亲爱的妈妈，希望这张卡能到你手中，我们在格拉普哥斯向你问候。"落款是"爱你的青青"。看来"青青"长期生活在国外，对"Galapagos"的中文译法不熟悉，她把通用译法的"加拉帕戈斯"，译成"格拉普哥斯"。

寄往北京的明信片是妻子和儿子寄给丈夫和父亲的。正文是："猪头，这里的阳光很明媚，这里的大海很清澈，可惜只是少了你……祝一切都好！"落款是"琦"。明信片的顶头用英文写了一行字："非常感谢送达这张明信片的人。"再有就是儿子歪七扭八的称呼和落款，他在"猪头"旁边写上"爸爸一耙耙"，这个称谓显然是受法国动漫画《巴巴爸爸》的影响。他还在妈妈签名"琦"的旁边签上自己的名字"陆建廷"。我和多一看到这张明信片都有点儿忍俊不禁，这一定是一个相亲相爱充满欢乐的家庭。妻子的娇媚、思念和儿子的顽皮、聪慧都跃然纸上。

游客认真挑选自己能够送达的明信片

把写好的明信片投入木桶，期盼不久的将来会有惊喜降临

加拉帕戈斯特有物种——多彩巨蝗

正在交配的多彩巨蝗

挑完需要送达的明信片，轮到我们投放了。我和多一把寄给自己和寄给好朋友乔阳、小燕的明信片非常庄重地投进了木桶，期待着某年、某月、某日，某人会突然出现在我们和她们面前，给我们和她们一个惊喜。

做完这件登陆邮局湾最重要的事情，便可以自由活动了，活动范围只限于这个海湾。弗洛里安纳岛虽然有人居住，但邮局湾没人居住，非常荒凉。不过，从海湾的水泥桩、水泥台阶和到处散落的器物可以看出，这里曾经有人居住而且还繁忙过。

史料记载，1924 年，挪威人曾计划在弗洛里安纳岛建一座生产鱼罐头的工厂，但计划仅实施两年就被放弃了。散落在这里的器物就是他们遗留的。当然有些器物可能是其他国家船员留下的。我们在邮局湾里还看到一个有日文涂鸦的大型器物，也许日本人也曾经打算在这里搞出个什么动静。

可能是因为邮局湾曾经有人类频繁的活动，这里的野生动物不多。在别的岛屿常见的蓝脚鲣鸟、褐鹈鹕、海鬣蜥、陆鬣蜥等加拉帕戈斯特有的动物，在这里难得相遇，而在别的岛屿难得一见的"多彩巨蝗"，却不经意地出现在我们面前。多彩巨蝗是加拉帕戈斯独有物种之一，长相确实不同于我们常见的蝗虫。常见的蝗虫通体不是绿色就是褐色，加拉帕戈斯的蝗虫则是彩色的，绿色、黄色、褐色、黑色混杂在一起非常漂亮。常见的蝗虫体长一般在 3.5~4.1 厘米，加拉帕戈斯蝗虫体长却在 7~8 厘米，最高跳跃能达 3 米，而且有很强的飞行能力，所以这种蝗虫又被称为"多彩巨蝗"。

加拉帕戈斯的蝗虫也是不怕人，我们遇见的多彩巨蝗有的在进食，有的在交配，没有一只因我们的观看而停止自己的行为，直到我们离去，它们仍各自干着自己想干的事。

弗洛里安纳岛上的帕加斯火山

弗洛里安纳岛的传说

对于加拉帕戈斯群岛来说，弗洛里安纳岛是最不容忽视、最具传奇色彩的岛屿。登岛之前，邮轮举办了科普讲座，又连续两晚播放了纪录片，使我们对这个古老的岛屿有了初步的了解，也让我们获悉在过去的两百多年里，岛上发生的一些匪夷所思的故事。

弗洛里安纳岛曾经使用过两个名字。大航海时期，厄瓜多尔是西班牙的殖民地，因此西班牙人用哥伦布船队中一艘船的名字"圣玛丽亚"（Santa Maria）命名了这个岛屿。后来，英国人不甘示弱，给它起了一个英国名字——查尔斯岛。达尔文使用的地图就把弗洛里安纳岛标注为"查尔斯岛"。1830年，厄瓜多尔共和国成立，弗洛里安纳岛才有了一个厄瓜多尔的名字。厄瓜多尔人以本国第一任总统胡安·何赛·弗洛雷斯（Juan Jose Flores）的名字命名该岛为"弗洛里安纳岛"。岛名的更迭看似简单，但它从一个侧面展现了厄瓜多尔人民为争取独立自由的艰难历程。

加拉帕戈斯的第一位常住居民是爱尔兰人帕特里克·沃特金斯（Patrik Watkins）。1807年，他被流放到弗洛里安纳岛。这位老兄的生存能力超强，居然能在这荒凉得如同地球初始的地方开荒种地，劳作生息。他种植土豆、南瓜和蔬菜，不但养活了自己，还能拿出一部分与过往的船只交换粮食和朗姆酒。残酷的野外生活使他衣衫褴褛，蓬头垢面，令所有见到他的人都感到恐惧。小时候读英国作家笛福的《鲁滨孙漂流记》，一直以为鲁滨孙是小说家自己创作出来的人物，现实中，谁能忍受那么长时间的孤独，那么长时间的缺食少衣？谁能在一无所有的荒岛生活那么长时间？没想到，弗洛里安纳岛还真有一位这样的人，沃特金斯的经历活脱脱就是一个真实版的鲁滨孙！

也许是受沃特金斯的启发，1832年厄瓜多尔政府在弗洛里安纳岛设立了监狱，把小岛变成罪犯的流放地，此监狱便是厄瓜多尔在加拉帕戈斯群岛的第一个殖民机构。

还是在1832年，厄瓜多尔总统弗洛雷斯任命开国元勋何塞·玛利亚·比利亚米尔（Jose Maria Villamil）将军为加拉帕戈斯的第一任总督。同年1月，比利亚米尔率12人组成的先遣队来到弗洛里安纳岛，并于2月12日在岛上举行了一个小小的仪式，正式将加拉帕戈斯群岛纳入厄瓜多尔的版图。后来，这一天被定为"加拉帕戈斯日",成为群岛的公共假日。世上总有一些不可思议的巧合,2月12日正好是达尔文的生日,冥冥之中好像有一种力量把这位伟人与加拉帕戈斯关联到了一起。

弗洛里安纳岛曾经的模样

过去弗洛里安纳岛象龟满地爬,现在已绝迹

最令弗洛里安纳岛居民感到骄傲的是,年轻时的达尔文曾登岛考察过。1835年9月23日,达尔文和"小猎犬"号船长罗伯特·菲茨罗伊(Robert FitzRoy)登上弗洛里安纳岛,他俩对这座岛屿印象极好。达尔文在考察记中写道:"翻过岛上的山脊,吹来一阵南风,顿时觉得无比凉爽。放眼望去,这里郁郁葱葱,让人眼前一亮。"菲茨罗伊的感觉更好,他在日记中说:"我们被热带蔬菜、香蕉、甘蔗、玉蜀黍和红薯环绕着,它们都长得十分茂盛,欣欣向荣,很难相信如此贫瘠和毫无用处的土地居然会变得如此肥沃多产。"不过,同达尔文与时任加拉帕戈斯副总督尼古拉斯·劳森(Nicholas Lawson)的对话相比,这些好印象就显得不那么重要了。劳森陪同达尔文和菲茨罗伊在岛上转悠时曾夸口说,随便拿来一只象龟,他都能根据龟壳的形状说出它是来自哪个岛屿。当时达尔文并没有在意劳森的夸口,但在他离开加拉帕戈斯前往塔希提(Tahiti)的航海途中,却灵光一闪突然意识到,劳森的夸口意义非凡,加拉帕戈斯的每一座岛,都有属于该岛而区别于其他岛的象龟,这说明了什么?这说明,同一物种,生活在不同、相对封闭的环境里,便有可能演变成不同形态的亚种。这不正是自然选择的结果吗?这不正是他思索了很久的"物竞天择,适者生存"的自然法则吗?

1929年，德国牙医弗里德里希·里特尔带着情人来到弗洛里安纳岛定居

后来，达尔文在他的著作里多次提到这次对话。他说："到现在为止，我还没有注意到这片群岛最不可思议的自然历史特征。那就是，不同的岛屿在很大程度上是由不同的生物群所占据的。我的注意力开始被引向这一事实是通过副总督劳森先生，他宣称不同岛屿上的象龟各不相同，而他能够很肯定地说出我们带来的任何一只象龟来自哪里。"达尔文与劳森的邂逅就这样被载入了史册。

邮轮播放的纪录片用了很大的篇幅介绍来此定居的德国牙医和澳大利亚的"男爵夫人"。受达尔文和其他探险家的影响，1929年德国牙医弗里德里希·里特尔（Friedrich Ritter）带着他的病人也是他的情人来到弗洛里安纳岛定居，为了避免一种牙病，他把他们两人的牙全拔光，吃饭、交流两人使用一副金属的假牙。

而后到来的澳大利亚"男爵夫人"更是莫名其妙。1932年，"男爵夫人"带着3个情人来到弗洛里安纳岛，她自封为"弗洛里安纳女皇"，异想天开地计划在岛上建一座"天堂酒店"，幻想着某日会有一位百万富翁前来造访。1934年，先是"男爵夫人"和她的一个情人神秘失踪，没过多久另两个情人和牙医也神秘死亡。

那几年，弗洛里安纳岛虽然笼罩在神秘的阴影里，但也有奇迹发生。1932年，为了躲避欧洲动乱，怀孕4个月的玛格丽特·韦特尔（Margret Wittmer）和丈夫海恩斯（Heinz）来到弗洛里安纳岛，在德国牙医的帮助下顺利产下男婴罗尔夫（Rolf）。当年来弗洛里安纳岛定居的人一个个神秘地消失，罗尔夫却神奇地活了下来，直到现在，他的后代仍然生活在加拉帕戈斯，而且从未离开。

1932年，澳大利亚"男爵夫人"带着3个情人来此定居

岛上生活虽然艰苦，但也有奇诞出现。从欧洲来的一对夫妇在牙医的帮助下顺利地生下男婴罗尔夫

　　弗洛里安纳岛可能还有许多不为人知的故事，毕竟它自被发现以来，就是人类活动比较频繁的岛屿。人类总想开发利用这座岛屿，然而开发和保护却是一对难以融合的矛盾。弗洛里安纳岛的昨天就是很好的例证。

　　虽然弗洛里安纳岛在加拉帕戈斯群岛创造了许多个"第一"，比如第一个有人长期定居的岛屿，第一个设立殖民机构的岛屿，第一个设立"邮局"的岛屿，但是诸多的"第一"，也给这个美丽的小岛带来了诸多伤害，原来遍布整个岛屿的象龟已经灭绝，生活在该岛的模仿鸟也难觅踪迹。失去了才觉得珍贵，现在加拉帕戈斯国家公园采取了许多措施来恢复弗洛里安纳岛的生态环境，比如严格限制定居人口，限制人类的开发利用，限制游客可登陆的景点以及登陆的人数。科学家预测，不久的将来，弗洛里安纳岛很有可能回归原有的自然状态。

（注：此章图片为邮轮提供）

恰似
一团柔火

弗洛里安纳岛的北面还有一个诗画般的海角，地图上标注为"科莫朗角"（Punta Cormorant），据说这个名字是以19世纪英国皇家海军军舰"科莫朗"号（HMS Cormorant）命名的。"Punta"是海角的意思，"Cormorant"译成中文是"鸬鹚"，把这美丽的海角称为"鸬鹚角"也未尝不可。

弗洛里安纳岛卫星图

19日下午，探险队员玛利亚带领我们登陆科莫朗角。登陆的地点是一片绿沙滩，这是我们在加拉帕戈斯踏足的第二个绿沙滩，前一个在圣克里斯托巴尔岛北面的皮特角。皮特角的绿沙比较细，这里的绿沙颗粒大，光脚踩下去有点儿扎。

我们登陆的地方又是一个绿沙滩

科莫朗角仙境般的潟湖

科莫朗角生长着一种很奇怪的灌木，灌木的树冠绿油油的，开着小黄花，枝干却枯萎得毫无生息

　　绿沙滩的边上有一种我们从未见过的灌木，灌木的树冠绿油油的，开着小黄花，可枝干却枯萎得毫无生息。这是怎么回事？树干都死了，树冠怎么还能枝繁叶茂？赶忙请教玛利亚，玛利亚说，加拉帕戈斯的植物也遵循着"适者生存"的自然法则。这株灌木把自己的枝干搞成枯萎的样子，是为了误导昆虫，让昆虫误

以为自己已经死亡，没什么食用价值了，从而放弃啃食。树冠保持葱绿，保持鲜花盛开是为了招引蜜蜂帮它传授花粉。难道加拉帕戈斯的植物也有思想？也能想方设法让自己存活？这太不可思议了！我突然想起生长在巴特洛梅岛的皱垫草，为了留住一点水汽，让身体长出"胡须"；熔岩仙人掌为了减少水分的蒸发，硬生生地把原本高大的身躯变得十分矮小。可见，世上万物都在向着有利于自己生存的方向演变，无论动物还是植物。

科莫朗角的火烈鸟

科莫朗角有一个潟湖，湖水清澈透明，平静得像一面硕大的镜子，美得让我们不禁停下脚步慢慢欣赏。明亮的"镜面"映衬着蓝天、白云、树木、花草，让人分不清哪儿是天，哪儿是湖。湖中，火烈鸟迈着细细的长腿悠闲地踱步；树上，鸟儿扯着嗓子啾啾地唱歌，我们仿佛脱离了红尘，走进了另一个世界，一个动物和人类融为一体的世界。如果世上真有什么仙境，这里便是。

火烈鸟是今天下午观赏的重头戏，玛利亚叮嘱我们不要大声说话，不要惊扰了湖中的鸟儿。我和多一曾在非洲见过成千上万只聚在一起的火烈鸟群体，像这样只有20来只的小群很少碰到。正是因为少，不拥挤，我们才能观察到火烈鸟的生活细节。

火烈鸟又称"红鹳"，动物学家把它分为6种，加拉帕戈斯的火烈鸟属于"大火烈鸟"。它们体形比较大，高80~160厘米，体重2.5~3.5千克，除了嘴巴和翅膀上有几根黑色羽毛，其他部位都是红色。远看，就像一团团柔柔的火焰，这也许就是火烈鸟得名的由来。不过，火烈鸟的红色并非与生俱来，是通过不断进食富含虾青素的小鱼、小虾、藻类和浮游生物演变而来的。刚孵化出来的雏鸟全身是白色，3岁以后体色才开始变红。雏鸟主要靠亲鸟反刍的液体成长，体内没有足够的虾青素，所以它们是白色的。随着不断地进食，体内的虾青素越积越多，体色才越来越红。一般来说，体色越红，表明身体越健壮。当然，越健壮的火烈鸟，越能吸引异性的关注。

火烈鸟最美的部位是那鲜红、长长而灵活的脖子。虽然火烈鸟整体的颜色是

远看，火烈鸟就像一团柔柔的火苗

红色，但只有脖子是纯红色，其他部位多少都有一点杂色。火烈鸟踱步时，脖子挺得笔直，低头觅食时脖子能曲成"S"形，梳理羽毛时，脖子能把喙送到身后。火烈鸟的脖子为什么能抻得这么长，而且能这么灵活？玛利亚解释说，它们的脖子颈椎骨特别多，我们人类只有 7 节，而它们却有 19 节。

火烈鸟觅食的方式不同于其他鸟类，别的鸟用嘴巴叼啄食物，而它们却是用嘴巴吸吮食物。我仔细观察，火烈鸟觅食时，先把头探入水中，然后把镰刀形的嘴巴翻转过来吸食水中的猎物。在吸食的过程中，它们还会把多余的水和不能下咽的渣子排出来，留下有用的食物慢慢吞咽。这样的饮食方法，使火烈鸟步态缓慢，行为优雅。一幅鸟中贵族的派头！

除了觅食，火烈鸟最爱做的事情是梳理自己的羽毛。我们眼前的火烈鸟就在扭动着脖子梳理羽毛。科学家观察，火烈鸟全天活动时间的 30% 都用来梳理羽毛。为了躲避天敌，不少动物把自己的肤色演化得与生活环境中的物体相仿，而火烈鸟却不管不顾，想方设法让自己与众不同，光彩耀人。这也许是因为火烈鸟没有什么天敌，用不着躲躲藏藏。况且，把自己收拾得干净些、漂亮些不是更能引起异性的关注，获得更多的交配权吗？

火烈鸟的脖子有19节颈椎骨，可以自如地弯成各种形状

别的鸟用嘴巴叼啄食物，火烈鸟却用嘴巴吸吮食物

　　相比其他物种，火烈鸟在加拉帕戈斯堪称珍稀动物，总共 200 来只。科莫朗角的火烈鸟虽然只有 20 多只，但在群岛中已是数量最多的群体了。可见，在加拉帕戈斯谋生，对火烈鸟来说是多么不易。火烈鸟主要生活在热带、亚热带的盐湖、湿地和海边的浅滩里，而这类地貌的生态环境却逐年恶化，恶化的生态环境使得野生火烈鸟的数量不断减少。2013 年，火烈鸟被列入《世界自然保护联盟濒危物种红色名录》（ *IUCN Red List of Endangered Species* ），加拉帕戈斯火烈鸟的未来令人担忧。

　　科学家通过 DNA 检测发现，加拉帕戈斯的火烈鸟来自美洲大陆，所以它们又被称为"美洲火烈鸟"。我很好奇火烈鸟是怎么来到这群孤岛的。论体形，它们远远比不上雀鸟轻盈；论飞行，它们飞行的高度、速度以及续航能力也远远比不上军舰鸟和信天翁，它们到底凭借什么利器和优势来到加拉帕戈斯的呢？目前，这还是一个未解的谜。

火烈鸟是一种洁身自爱的动物，每天用大量的时间梳理羽毛

海边礁石上站着一只凝神静气的苍鹭，远看就像一尊雕像

科莫朗角的迷人之处还在于它的生物多样性。一侧是闲庭信步的火烈鸟，另一侧是疲于奔命的蓝脚鲣鸟和军舰鸟，还有各种忙于筑巢、捉虫的达尔文雀。所有的鸟儿不是飞来飞去，就是走来走去，只有一只大鸟站在那里一步不挪。仔细一看，是一只个头约 1 米高的苍鹭。夕阳下的苍鹭简直就像一只仙鸟，橘黄色的长喙，褐色的羽毛，白色的头顶夹着一道黑色的羽毛，翅膀下端还有几缕飘逸的蓑羽。一般来说，鹭鸟在繁殖季节才会长出蓑羽，也许这只苍鹭是在耐心地等待自己的"另一半"。我很佩服苍鹭的定力，就在它的上方，蓝脚鲣鸟在海面上不断地俯冲觅食，军舰鸟尾随盘旋伺机抢夺别人的战利品，还有一些说不出名字的鸟儿叽叽喳喳地横冲直撞。身处这么热闹的海滩，这只苍鹭却气定神闲，泰然自若，尽管偶尔会转一下头，但直到我们离去，它始终没有离开过那块礁石。孤独的苍鹭，真希望你的坚持和等待能换来"另一半"的青睐。

加拉帕戈斯的鹭好像都比较孤独。我们曾在达尔文湾遇到过绿鹭，在布卡内罗湾遇到过大蓝鹭，在埃斯皮诺萨角遇到过牛背鹭，这些鹭都是孤单单的一只。这么孤独的个性，会不会影响它们种群的繁殖？

如诗如画的海角虽然给我们留下了许多美好的记忆，但也留下了些许挥之不去的担忧。

科莫朗角诗画般的日落

龙血树在冬克鲁兹斯高雨北侧，以背隆附近土山下而驰名

精灵般的
达尔文雀

4月20日，我们的西线行接近尾声。早上5：30，邮轮在圣克鲁斯岛西北侧抛锚，准备登陆龙丘地（Cerro Dragon）。登陆前，探险队员胡安告诉我们，龙丘地是银海邮轮新开发的登陆景点，除了银海，其他邮轮的游客都不曾涉足这里。胡安的介绍，让我们平添了一点优越感，庆幸自己选择了银海邮轮。不过，接下来胡安的告诫却让我们有点紧张。他说，正因为是新景点，龙丘地没有

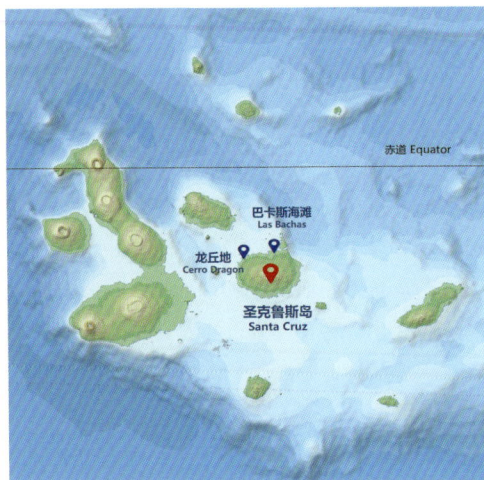

龙丘地位置图

路，也没有任何标识，大家一定要紧跟队伍，千万别掉队。

　　登陆后发现，胡安说的一点儿没错，龙丘地荒无人烟，没有成形的路，有水的地方相当泥泞。我们深一脚浅一脚地跟着胡安，他不停步，我们不敢驻足；他叫跟紧，我们不敢掉队。走到一个潟湖边，胡安让我们小憩一下，此时才有机会抬起头，打量银海邮轮新开发的这个景区。

　　龙丘地位于圣克鲁斯岛西北角，此时正处于雨季，植被很茂盛，高大的仙人掌几乎长成林，开着黄花、白花的灌木像地毯一样匍匐在地表。尽管植被茂盛，但动物并不多。登陆前，胡安告诉我们能看到八九种动物，实际上，除了几只野鸭、几只陆鬣蜥和达尔文雀，没有看到更多的动物。这样也好，我可以集中精力关注精灵般的达尔文雀。

　　我原以为"达尔文雀"是特指某一种雀，后来才知道，它是对加拉帕戈斯地雀的统称。达尔文雀分为18种，其中17种分布在加拉帕戈斯的各个岛屿，1种生活在距加拉帕戈斯600千米的科科斯岛（Cocos Island）。科学家认为，这18种达尔文雀是在距今300万~100万年间由草雀演化而来的。2016年，它们全部被列入《世界自然保护联盟濒危物种红色名录》。

龙丘地植被茂盛，高大的仙人掌几乎长成林

　　很奇怪，达尔文在加拉帕戈斯考察时，观察和记录最多的是象龟、陆鬣蜥、海鬣蜥等爬行动物，但这些动物却没有被冠名为"达尔文象龟""达尔文海鬣蜥"，而不太为达尔文所关注的地雀，却获得"达尔文雀"的美名。这是为什么？后来，在邮轮举办的讲座中我才明白，达尔文雀是后人给加拉帕戈斯地雀的统称，因为这些地雀完美地诠释了达尔文"自然选择"的理论。

　　当时，达尔文并没有花太多的时间和精力关注那些生活在陆地上的地雀，他虽然采集了 26 个陆地鸟类标本，却没有记录下这些标本来自哪座岛屿。结束了 5 年的南半球科学考察回到伦敦，他把自己采集的标本送到伦敦动物协会，请著名的鸟类专家约翰·古尔德（John Gould）进行研究。经过鉴别，古尔德把地雀标本分为 13 种，并指出"尽管鸟喙形态差别大，但彼此有亲缘关系"。古尔德的研究让达尔文既惊喜又懊悔。惊喜的是，古尔德的研究成果进一步证明了物种并非永恒不变，这些地雀可能源自同一祖先，在加拉帕戈斯漫长的生存过程中发生了变异，产生了新的物种；懊恼的是，自己没有记录标本采集的岛屿，以至于无法对这些地雀进行深入研究。对此，达尔文承认："这一科的物种（对我而言）存在着一种无法解释清楚的混乱。"虽然缺少深入的研究，但天才的达尔文通过观察地雀鸟喙的大小和变化还是得出了这样的结论："看到一群亲缘关系很近的鸟类，其喙的构造如此多样，我们不禁要想，也许是因为岛上本土鸟类稀少，所以一个物种为了达到多种目的而演变成不同的物种。"

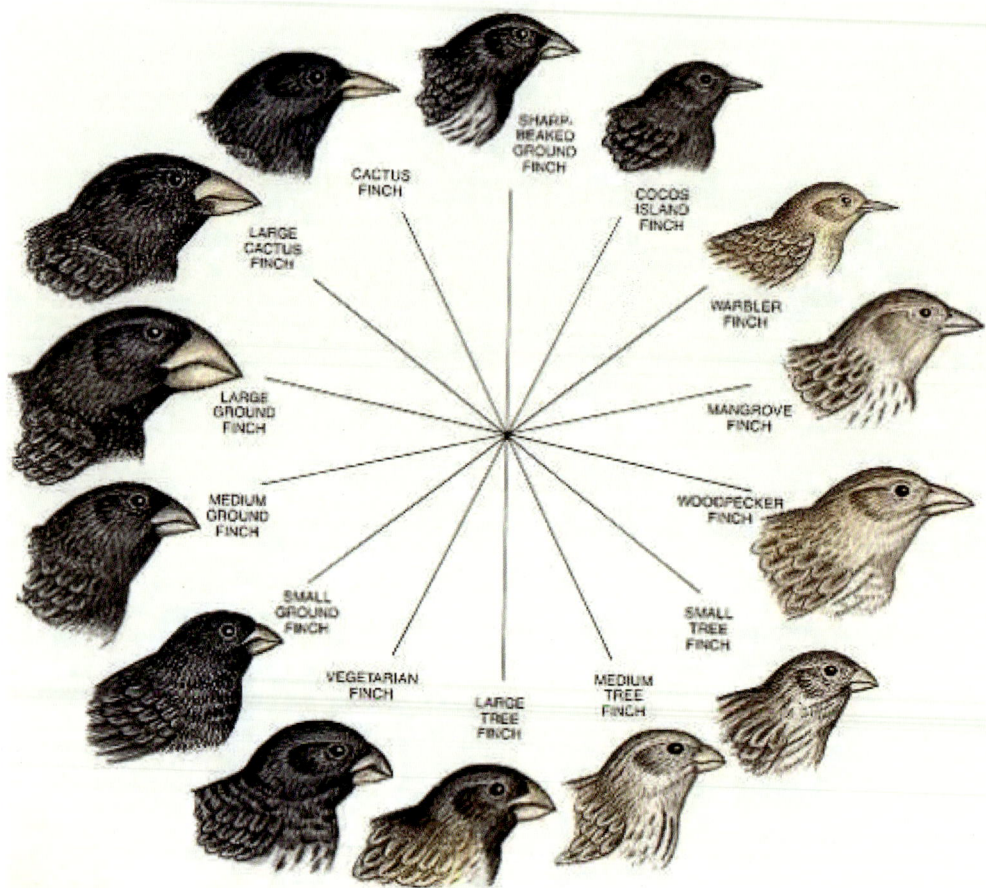

达尔文雀家族

　　达尔文的遗憾成为鸟类研究者的动力。100 多年后，1938 年，另一位英国鸟类学家大卫·拉克（David Lack）踏着达尔文的足迹来到加拉帕戈斯。他发现鸟喙形态与它们摄取的食物有着密不可分的关系。以植物种子为主要食物的地雀鸟喙短而厚，以仙人掌叶片中的水分和花蕊中的花蜜为主要食物的地雀鸟喙长而尖，以昆虫为主要食物的地雀，鸟喙会更长更尖。拉克根据达尔文雀的生活习性和鸟喙的特征，将它们分为地雀、树雀和莺雀 3 类，每类下面又分出几种。1947年，他的研究成果《达尔文雀》（*Darwin's Finches*）一书出版，从此，"达尔文雀"的称谓被广泛使用。

雄性

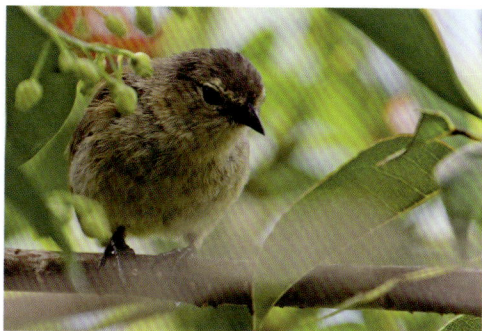

雌性

　　大卫·拉克以他开拓性的工作，引起了许多鸟类学者对加拉帕戈斯地雀的关注，并试图了却达尔文的遗憾，解开达尔文留下的"无法解释清楚的混乱"。这其中，英国鸟类学家格兰特夫妇（Peter and Rosemary Grant）工作最为突出，成果最为显著。1973年，他们怀揣4000美元的研究经费来到加拉帕戈斯，选择面积仅0.35平方千米的大达夫尼岛（Daphne Major）作为研究基地。他们在1500多只中嘴地雀的腿上做了标记，年复一年地观测地雀的变化。1977年，加拉帕戈斯出现了严重的干旱，中嘴地雀大量死亡，做过标记的地雀只存活了20%。他们对幸存下来的中嘴地雀进行研究，发现存活地雀的喙都比同类的大。旱灾来临前，中嘴地雀的喙平均不到9.5毫米，旱灾过后，它们的喙达到了10毫米。格兰特夫妇的观察和研究不仅夯实了达尔文自然选择的理论，还创造性地提出，物种的演变可能会在相对较短的时间内完成。在这之前，人们都坚信达尔文在《物种起源》中的结论——"物种的变异过程是十分缓慢的"。

　　通过邮轮科普和自己阅读了解到的有关达尔文雀的知识，仅仅是一点点皮毛，但这已足够让我对达尔文雀产生浓厚的兴趣。第一次看见达尔文雀是在圣克里斯托巴尔岛的陆龟养育中心。那天出发前，探险队员巴尔巴就叮嘱，在陆龟养育中心除了要关注象龟，还要关注达尔文雀，因为那里植被繁茂、绿树成荫，有树的地方就会有达尔文雀。果真，在小树林里我们看到了达尔文雀族里的"素食雀"。素食雀的喙短而粗，一看就知道是以植物种子为主食的雀鸟。我们先看到的是黑色的，过了一会儿又看到一只褐色的，巴尔巴说，黑色的是雄雀，褐色的是雌雀。

达尔文雀的羽色大多很暗淡，像这样色泽鲜艳的莺雀，实属凤毛麟角

　　"这是热带的雀鸟吗？"我有点不相信。常识告诉我，赤道附近的雀鸟大多有一身艳丽的羽毛，加拉帕戈斯雀鸟羽毛的颜色怎么这么单调？

　　"这就是加拉帕戈斯的特点，虽处于热带，但岛上的动植物都缺乏热带的色彩。"巴尔巴很认真地解释。回到邮轮，到小图书馆翻阅达尔文的《"小猎犬"号科学考察记》才知道，达尔文对此也有同感。他在书中说道："通常情况下，赤道地区的鸟类颜色都鲜艳明亮，然而在此地，除了一种胸部是淡黄色的鹟鹟，以及一种冠羽和胸部是猩红色的鹟，其他鸟类颜色都很暗淡。所以，很有可能，在物种迁徙的过程中，让物种变小的因素，也使多数加拉帕戈斯本土的物种颜色变暗。"不过，万事总有例外。达尔文雀中有一种黄色的莺雀就很漂亮，我们曾在科莫朗角见过。

小地雀不停地飞来飞去，到处采撷枝条来造窝

达尔文雀颜值虽然不高，但行为还是很可爱。在弗雷里安纳岛的邮局湾，我们看到一只非常忙碌的达尔文雀，它身上的羽毛是浅褐色的，嘴巴是橘黄色的，对照达尔文雀的图谱，应该是小地雀。这只小地雀像个小精灵似的不停地飞来飞

达尔文雀也是"歌唱家"，它们一张嘴就能唱出婉转动听的曲调

去，到处采撷枝条。只见它把采到的枝条集中起来，用自己坚硬的鸟喙把枝条弯成圈。显然，它是在造窝！鸟儿造窝一般只有两个目的，一为迎娶新娘，二为繁衍后代，不知这只鸟儿造窝到底为哪般？真希望能站在那里看着它把窝造好，可惜，登陆时间有限，没有足够的时间看它造窝的全过程，不过，我相信它一定能造出一个经得起风吹雨打高质量的鸟窝，因为它是如此地不知疲倦，斗志昂扬。

圣克鲁斯岛龙丘地的啄木鸟雀（Woodpecker finch），学名"拟鸳树雀"，个个似鬼灵精，非常聪明，能像啄木鸟一样，在树干上啄出一个洞，取食钻进树干里的虫子。如果自己的喙不够长，伸进树洞还吃不到虫子，它们就会找一根小树枝把藏在树干里的虫子捅出来。

达尔文雀有个共同的特点，它们张嘴都能唱出婉转动听的曲调，并且根据曲调寻找自己的同类。一只雀鸟的歌声，能在整个林子里回荡。我很纳闷，达尔文雀身长不过十几厘米，体内的共鸣腔也只有那么一点点，它们的声音怎么能这么嘹亮、这么清脆？我们人类要想拥有如此美丽动听的嗓音，不知要艰苦训练多少年！

不过，达尔文雀并不都这么可爱的，尖嘴地雀的行为就极为恐怖。它们会跳到鲣鸟的背后，用尖利的鸟喙吸食鲣鸟的血；它们还会用自己的喙做杠杆，把其他鸟的蛋从鸟巢里推出来食之。这种地雀的行为太可恶了，人们给了它一个人见人厌的名字——吸血雀。实际上，我们并没有见过这种地雀，是探险队员介绍的。

啄木鸟雀能用自己坚硬的喙在树干上啄出一个个圆圆的洞

　　俗话说，外行看热闹，内行看门道。我们看达尔文雀只注重它们的外观和行为，科学家却能从以毫米计算的鸟喙上，揭示物种的演化和诞生。离开加拉帕戈斯，每每想起那些可爱的小雀鸟，心中对科学家的敬佩油然而生，无论是大卫·拉克，还是格兰特夫妇和他们的学生，都用自己持之以恒和严谨的科学态度，了却了达尔文的遗憾，厘清了达尔文青年时期"无法解释清楚的混乱"。

嗷嗷待哺的雏鸟

"一战"时期搁浅的美军驳船残骸

守护绿海龟

巴卡斯海滩里侧有一个潟湖

在圣克鲁斯岛北侧巴卡斯海滩登陆时，已是 4 月 20 日的下午。出发前探险队员提示，登陆后可以去海滩的浅水洼看火烈鸟、滨鸟，如果运气好可能会看到刚孵化出来的小海龟。另外，沙滩上还有"二战"时期搁浅的美军驳船残骸。

此时，我们在加拉帕戈斯的探险活动已进入第 13 天，视觉出现了疲劳，还看什么呢？群岛的主要特有动物大多已打过照面，火山、熔岩滩也都涉足，初始的好奇心不知去哪儿了，好像一切都没那么有吸引力了。我和多一漫不经心地随大家乘冲锋艇登陆，跟着大部队前行。

沙滩上确实有驳船残骸，不过只剩下一堆木桩，已看不出一点"船"的模样。沙滩里侧有一个潟湖，湖中有一只埋头进食的火烈鸟和一只独来独往的黑颈长脚鹬。再往前走，就有"游客止步"的指示牌了。原来，那一片沙滩是绿海龟的产卵区。如果游客不明情况走过去，很可能会踩到绿海龟的产卵坑。既然没什么好看的，探险队员也就不要求大家聚在一起了，于是有的人下海游泳，有的人坐在沙滩等候返航的冲锋艇，对"二战"历史有兴趣的又返回去研究驳船的残骸。

涠湖里的黑颈长脚鹬

　　多一总是闲不住，看到沙滩上有四个学生模样的孩子无所事事地望着大海发呆，就走上前去跟他们打招呼。多一的"打招呼"令四个孩子喜出望外，他们马上站起来，呆滞的表情一下变得十分活泛。一问才知道，他们是瓜亚基尔大学的学生，目前在加拉帕戈斯国家公园当志愿者，参与保护绿海龟的项目。学生们的回答一下也让我们振奋起来，在加拉帕戈斯转悠了十几天，第一次有机会同邮轮工作人员以外的厄瓜多尔人交流。四位学生见到我们，也有"久旱逢甘霖，他乡遇故知"的感觉，因为两个月来，除了国家公园管理处的工作人员定期送补给外，没有其他人关心过他们。

志愿者的生活条件非常艰苦，四面透风的帐篷就是他们的"住房"

十分简陋的厨具

在学生们的邀请下，我们走进他们的大帐篷。学生们的生活实在艰苦，跟风餐露宿没什么两样。国家公园给他们提供的是一个四面透风的大帐篷，里面的设施简陋至极，只有一个煤气炉和几件简单的炊具，幸亏国家公园还为每个学生配备了一个小帐篷，否则晚上怎么过夜啊？帐篷里的一切让我们看得心疼，学生们的生活能力可能也弱一些，到处都很凌乱，换洗的衣服横七竖八地挂在临时拉起的绳子上，灶台旁除了几瓶调味品看不到什么更多的食物。人心都是肉长的，他们的父母如果知道自己的孩子在这么艰苦的条件下当志愿者，不知道要难过成什么样！

学生们好像并没有留意到我们的心疼，高高兴兴地拿出给动物做标记的号牌告诉我们，他们的任务就是给每一个脱壳而出的小海龟绑上号牌，以便科学家跟踪研究海龟的成长过程和生活习性。这个工作看似简单，其实不易。因为小海龟一般在太阳下山后才破壳而出，一窝海龟蛋常常会有四五十只小海龟爬出来，要给这么多小海龟绑号牌经常搞得他们手忙脚乱，而且还要打着手电筒工作到深夜，甚至到天明。一位学生很自豪地告诉我们，他们的工作不单是绑号牌，还要尽可能地保护小海龟安全下海，俨然一副"海龟守护神"的姿态。无论是陆龟还是海龟的新生儿，生命都非常脆弱，天敌很多，我们在科莫朗角就看到一只军舰鸟叼走刚刚破壳而出的小象龟。如果没有人类的干预和帮助，这些濒危和易危物种很可能会走向灭绝。从这个意义上来说，四位志愿者所从事的工作实际是一场物种保卫战，一场生态环境保卫战。

"你们工作真辛苦！"我们由衷地称赞。但学生们却说："不辛苦，不辛苦。每天看着小海龟在我们的守护下安全地回到大海，高兴还来不及呢。"他们的回答完全是自然的流露，没有半点说大话、套话的感觉。在加拉帕戈斯探险，让我感受最深的就是植入到人们骨子里的环保意识。好像这里的每一个人，不论大人和孩子，都懂得地球是人类和动植物共同的家园，爱护它们就是爱护我们人类自己，保护它们生存的环境，就是保护我们自己的家园。

志愿者的任务是给刚孵化出的小海龟套号牌

"你们平时的淡水和食物怎么解决？"我很担忧地问。马上有孩子答："国家公园每 20 天给我们送一次补给，我们省着用，够了。"近似于鲁滨孙在荒岛上的艰苦生活，从学生们口里说出，竟是这样轻描淡写。其实，国家公园送的淡水只够饮用，送的食物多是一些罐头食品。

　　"这一片海滩就你们几个人守着，害怕吗？""习惯就不害怕了。"一个女孩怯怯地说。"其实，最让我们不习惯的是孤独，每天虽然有不少游客登陆巴卡斯海滩，但两个月来没有一位游客搭理过我们，关心过我们，你们是第一拨，也是唯一的一拨。"为什么这么说？进一步了解才知道，他们的志愿服务期为两个月，今天是最后一天，明天就会有新的志愿者来接替他们的工作。可不是吗？过了今天就算有人想关心他们也照不到面了，他们就要离开加拉帕戈斯，回到灯红酒绿的厄瓜多尔第一大城市——瓜亚基尔，回到父母身旁，回到老师和同学中间。

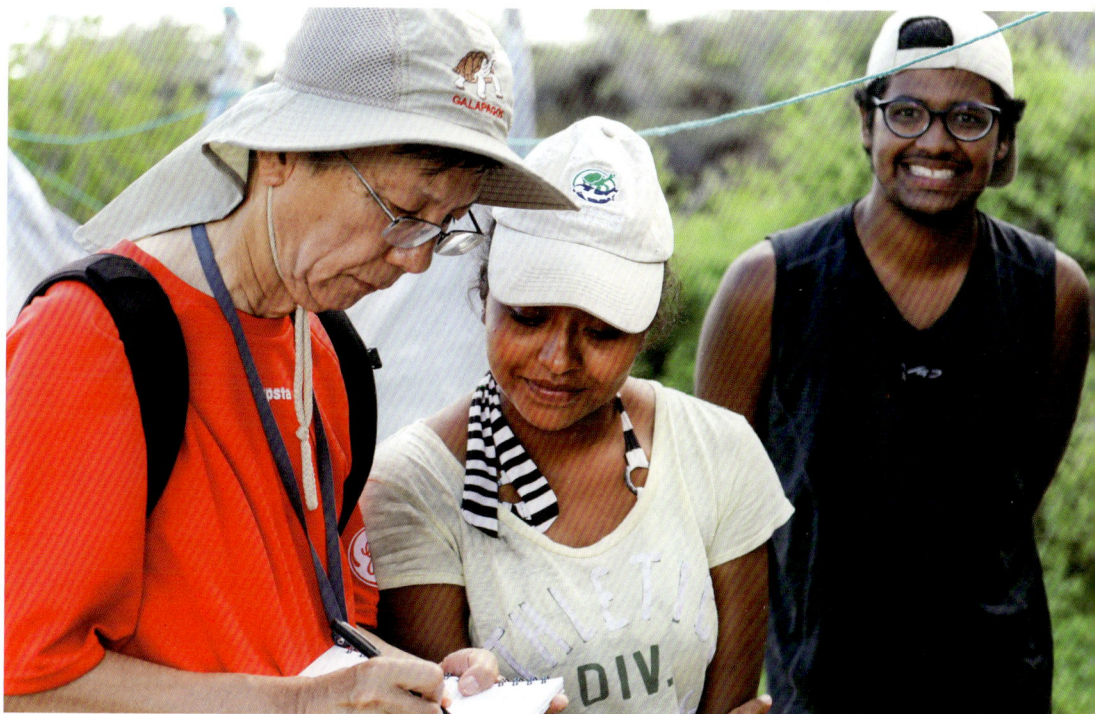

能在这么艰苦的条件下坚守两个月实属不易，多一提笔给孩子们留言鼓励

佛说，前世 500 次的回眸，才换得今生的擦肩而过。与这四位学生相遇，真是缘分啊！想到这里，多一提议："给你们写几句话吧。"话音刚落，孩子们高兴地跳了起来，忙拿出笔记本和签字笔。多一打开笔记本用英文写道："你们四位志愿者的工作给我们留下了深刻的印象，你们克服了孤独、缺少淡水、缺少食物等困难，用爱心和勇敢保护了加拉帕戈斯的野生动物，保护了这里的生态环境！"孩子们接过笔记本，围在一起把多一写的留言读了一遍又一遍。没想到，短短的几句留言给孩子们带来这么多的欢乐，可见肯定和鼓励对孩子们的成长多么重要。

就要说再见了，孩子们依依不舍地与我们合影留念。坐上返航的冲锋艇回头再看，四个孩子还是坐在沙滩上，但面部的表情已不是初见时的呆滞，而是幸福与快乐。

四个孩子高高兴兴地与我们告别

回眸巴卡斯海滩

繁殖了800只象龟的英雄父亲——"老爸"迭戈

"老爸"迭戈和"孤独的乔治"

4月21日下午再次登陆圣克鲁斯岛的阿约拉港，这是西线行的最后一次登陆，也是我们此行的最后一站。7天前登陆此岛，参观的重点是卡托牧场，看野生状态下的象龟，今天参观的重点则是达尔文研究站。

圣克鲁斯岛位于加拉帕戈斯群岛的中心，不知为什么，1835年达尔文来加拉帕戈斯考察时，竟没有登陆如今最负盛名的这个岛。尽管不受达尔文的"待见"，圣克鲁斯岛还是以他的名字建造了一座颇具规模的研究站，并立了一尊26岁时的达尔文雕像以示缅怀。该研究站以保护群岛独特的生态环境为使命，以培养民众的环保意识为己任，着力使加拉帕戈斯多年以后仍如初见。

研究站一尊坐姿的达尔文雕像展现了达尔文26岁登岛时的风采

达尔文研究站距阿约拉港不远，沿着小城的主街达尔文大道步行十几分钟就可以到达。

研究站的研究保护对象不仅是加拉帕戈斯独有的动物，还包括群岛特有的植物。进去以后，首先看到一个大约50平方米的小花圃，里面种着加拉帕戈斯常见的刺梨仙人掌和烛台仙人掌，各种各样的树菊，还有开着黄花和白花的植物以及莴苣、豆科类低矮的灌木。探险队员玛利亚告诉我们，整个花圃展示的都是加拉帕戈斯本土植物，它们的颜色应该如花圃所示——绿色、黄色和白色，其他颜色的植物都是外来物种。研究站培育小花圃的目的，就是要让大家知道什么是加拉帕戈斯的本土植物，什么是加拉帕戈斯植物应有的色彩。如果谁要在自家的房前屋后种花种草，一定要选择本土的品种，一定要杜绝外来物种的入侵，用实际行动保护群岛脆弱的生态环境。

研究站的小花圃种植了一些本土植物，用以告诉人们如何保护加拉帕戈斯的原生态

记得探险队员巴尔巴给我们讲过一个真实的故事：有位男士带了一束鲜艳的五色梅登岛看望女友，女友喜出望外地收下，并把五色梅种在自己的花园里。谁知，五色梅非常适应加拉帕戈斯的气候和环境，栽在地里就疯长，它健壮的根系抢夺了本土植物需要的养分和水分，本土植物节节败退、逐渐枯萎。为了拯救本土植物，加拉帕戈斯国家公园不得不下令铲除五色梅，还本土植物一个生存的空间。现在，个别地方还保留了几株五色梅，那是作为反面教材教育游客和当地居民的。

研究站最精彩的部分还是对象龟的养护和介绍，很幸运，在这里我们看到了难得一见的鞍背龟。加拉帕戈斯主要有三种象龟，圆背龟和居中龟我们在卡托牧场和圣克里斯托巴尔岛的象龟养育中心看过，唯独鞍背龟始终难得相见。

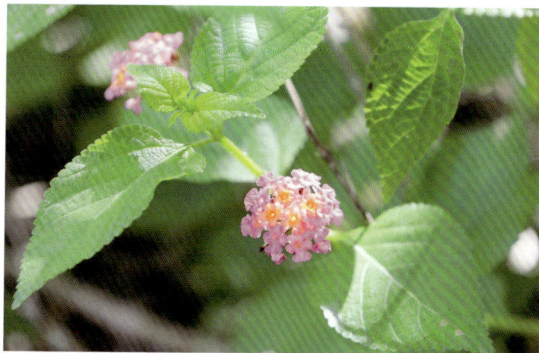

外来物种五色梅对本土植物造成很大的伤害

鞍背龟是加拉帕戈斯独有的龟种，近距离观看，觉得它比其他种类象龟的颜值都高。它的四肢和脖子比较长，接近头部的龟壳呈马鞍状，四肢和脖子的延长使它的身材比别的象龟都要高。如果一只成年鞍背龟四肢挺直完全站立，脖子完全伸展，整个身高可达 2 米。假使它以这种姿态突然出现在你面前，你一定会惊呼"恐龙现世"！其实，鞍背龟的祖先与其他种类的象龟一样，都是龟壳像倒扣大锅的圆背龟，是生活环境改变了它们的形体。

为了让游客更好地理解加拉帕戈斯象龟的演变，达尔文研究站制作了展板很直观地说明这种演变过程。

大约距今 2000 万至 1000 万年前，象龟从它们的原生地南美大陆漂洋过海来到加拉帕戈斯，各自登上不同的岛屿。岛屿虽然相近，自然条件却不尽相同。为了生存，它们不得不改变自己以适应岛上的环境。生活在地势较高、水草丰盛岛屿的象龟，保持了它们原来圆背龟的模样，腿短，脖子短，龟壳大而低，因为这样的体形十分方便它们在草丛中爬行。生活在地势低矮、气候干燥岛屿上的象龟就必须改变自己了。地势低矮的岛屿缺少淡水，也缺少植被，只有抗干旱的仙人掌能够生长。于是，仙人掌就成了在这里落户象龟的唯一食物。象龟不仅要靠仙人掌填饱肚子，而且要靠仙人掌补充体内的水分。象龟吃完了靠近根部低矮的叶片，就必须拼命伸长脖子够食高处的叶片，久而久之，它们的脖子越抻越长，足足比圆背龟长出 50 厘米。为了适应高高抬起的头颅，它们的龟壳也随之隆起，最终在与脖子相连的地方形成了马鞍状。在这种自然演化中，鞍背龟不仅抻长了脖子，拉长了四肢，体重也减轻了不少，成为象龟中体形最小的一种。

鞍背龟体形的演化虽然使它们在资源匮乏的加拉帕戈斯得以存活，但也由此给它们带来了灭顶之灾。由于体形比圆背龟略小，四肢又比其他种类的象龟要长，水手很容易将其捆绑抬到船上，所以鞍背龟被猎杀得最多，以至于有些岛屿的鞍背龟已经灭绝，其他岛屿上的鞍背龟也成为濒危物种。现在，游客登岛很难看到野生状态下鞍背龟的身影了，要想目睹它的"芳容"，只能去达尔文研究站。真是"成也萧何败也萧何"！

为了适应生存环境，鞍背龟抻长了自己的脖子和四肢，龟壳也随之隆起

Los altos y los bajos de la sobrevivencia
The highs and lows of survival

carapacho domo es la adaptación en zonas
umedas donde su comida es abundante y
cerca del suelo.

*ome shells are adaptions for wet zones where
their food is plentiful and close
to the ground.*

El tipo de carapacho de montura s
existe en Galápag
El cuello y piernas largas de una tortuga
carapacho montura son adaptaciones q
le ayuda a buscar comida en zonas árida

*Saddleback tortoises are only found in Galapag
A saddleback shell and long neck and le
are adaptions to finding food
desert zon*

Carapacho domo

Carapacho de montur

鞍背龟的龟壳为什么会长成马鞍状，研究站的展板说明了缘由

　　鞍背龟中，最负盛名的是"老爸"迭戈（Diego）和"孤独的乔治"（Lonesome George）。迭戈和乔治都是鞍背龟，但它俩的命运却截然不同。迭戈后来成为英雄的父亲，乔治却背着种群灭绝的标志离开了世界。

迭戈原来生活在埃斯帕诺拉岛，属于埃斯帕诺拉岛象龟亚种。80 多年前被一支科学考察队带到美国，后来被送到圣地亚哥动物园展览。时光流转到 20 世纪 70 年代，科学家们突然发现埃斯帕诺拉岛象龟所剩无几，只有 2 只雄龟和 12 只雌龟。最要命的是这 14 只象龟虽然生活在同一个岛上，但是相距甚远，雄、雌基本不相遇，多年都没有繁衍的情况出现，如果人类不进行干预，埃斯帕诺拉岛象龟很快就会灭绝。为了拯救这一象龟亚种，加拉帕戈斯国家公园于 1976 年把迭戈从美国接到达尔文研究站，同时把埃斯帕诺拉岛所剩的 14 只象龟也接来一起圈养。50 年后奇迹发生了，这 15 只象龟在一起繁殖了 2000 来只后代，其中 800 只都是迭戈的，占到新生象龟的 40%。迭戈不愧为英雄的父亲！现在这 2000 只新生的埃斯帕诺拉岛象龟已经回到它们的母岛，年过百岁的迭戈也完成了自己的使命，2020 年 3 月，它终于回到阔别 80 年的故乡，回到了自己原始的栖息地。

　　相比之下，"孤独的乔治"就没这么幸运了。据说它的名字来源于美国演员乔治·戈贝尔（George Gobel）。戈贝尔曾在一档访谈节目里，反复表述自己内心是孤独的，精神也是孤独的，于是人们给他起了一个绰号——"Lonesome George"（孤独的乔治）。1971 年动物学家约瑟夫·瓦格沃尔吉（Joseph Vagvolgyi）在加拉帕戈斯发现了一只平塔岛象龟，而这只象龟已是该物种的最后一个个体，孤独到不能再孤独的地步，于是人们把戈贝尔的绰号"孤独的乔治"送给了这只平塔岛象龟。为了挽救这一珍贵物种，1972 年约瑟夫·瓦格沃尔吉把它带到达尔文研究站加以保护。

　　也许是意识到平塔岛象龟即将灭绝，科学家和新闻媒体对"孤独的乔治"生存状态都高度重视。"孤独的乔治"被收养后，研究站便努力帮助它繁衍后代。研究站先是在全世界范围内寻找雌性平塔岛象龟，因为 1906 年曾经有人从加拉帕戈斯带走了 3 只平塔岛象龟。寻找无果，百般无奈之下只好找来两只其他亚种的雌性象龟与"孤独的乔治"一起生活。由于基因的原因，乔治对非本群的雌龟一点不感兴趣，根本不搭理那两只雌龟。后来经过人工授精的方式，使雌龟产下了有乔治血统的卵，但这些卵始终没有孵化成功，平塔岛象龟最终还是无法延续后代。

加拉帕戈斯人实在不舍"孤独的乔治"离去，委托美国自然历史博物馆将其制成了标本

"神龟虽寿，犹有竟时；腾蛇乘雾，终为土灰。"世上万物，谁都不能逃脱自然的轮回。2012年6月24日当地时间上午8时，加拉帕戈斯国家公园宣布，"孤独的乔治"因心脏病发作而猝死，"享年"102岁。"孤独的乔治"离世，标志着平塔岛象龟亚种彻底灭绝。它的死，令加拉帕戈斯人乃至全体厄瓜多尔人都非常悲痛。他们不愿"孤独的乔治"就这样在地球上永远消失，于是把它的遗体送往美国，委托纽约曼哈顿的美国自然历史博物馆将其制成标本。标本制成后运回加拉帕戈斯由达尔文研究站保管。为了警示后人，也为了缅怀"孤独的乔治"，研究站为它建了一座独立的展览馆。

离开达尔文研究站，我和多一顺着达尔文大道向阿约拉港口走去，沿路有不少"孤独的乔治"的影子。有以"孤独的乔治"命名的商店，有以"孤独的乔治"雕塑为标志的街心花园，还有以"孤独的乔治"形象为主的艺术品展卖，"孤独的乔治"俨然已成为圣克鲁斯岛的形象大使。看着林林总总的"孤独的乔治"，我突然有了这样的感悟："孤独的乔治"虽然死去，平塔岛象龟虽然灭绝，但它作为世界物种保护的象征却永远留在了世间。物种灭绝轻而易举，种群复活遥遥无期。人类要像爱护自己一样爱护与我们生活在同一片蓝天下的物种，防止它们走向灭绝。

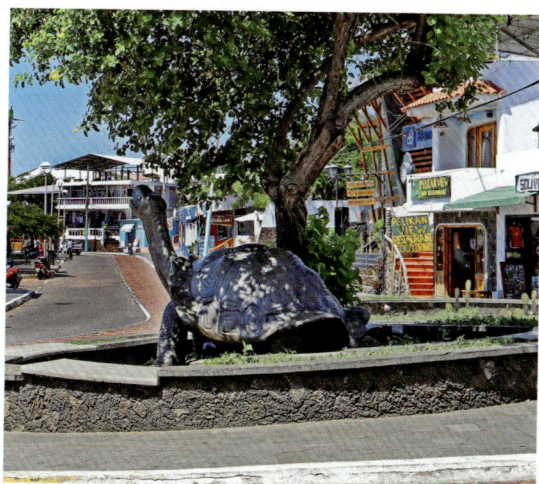

阿约拉港的街心，立了一尊"孤独的乔治"雕像

达尔文大道的一些店铺以"孤独的乔治"冠名

远处可见云雾缭绕的达尔文火山

再见，达尔文的
加拉帕戈斯

离开阿约拉港回到邮轮，马上沐浴更衣。今晚是我们在加拉帕戈斯的最后一晚，邮轮将举行鸡尾酒会欢送。虽不要求大家盛装出席，但至少也要把自己收拾得干净利落。

19：00酒会正式开始，音乐响起，全体船员登台，面向游客站立，船长一句"欢迎回到现实"，赢得台下一片掌声。是啊，在加拉帕戈斯探险的日子，我们天天日出而作，日落而息，没有电话的骚扰，没有微信的刷屏，没有追剧的紧迫，也没有公事私事的烦琐，一切都好像回到了原始。每天脚下踩着地狱般的黑色岩石，体验的却是天堂般的纯净。在这里人类不再是凌驾于所有动物之上的另类，而是与它们平等相处的生命。人类与地球上的一切生灵共同生活在一个苍穹下，共同分享地球母亲的馈赠。过了今晚，我们就要告别这里的一切美好，回到纷扰浮躁的现实社会。

船长的祝酒结束，探险队长、酒店经理、厨师长分别代表各自的团队向游客道谢，感谢大家对他们工作的支持和配合。随行的摄影师播放了自制的DVD，希望大家购买。整个酒会掌声不断，笑语不绝。

船上所有的游客，只有我和多一随着邮轮东线、西线全程走完，与船员朝夕相处了15天。多日来的相识、相知使我们对他们产生了些许的眷恋，他们对我们也似乎有了更多的好感。在我们举着酒杯向他们一一道别时，探险队长伊斯瑞尔悄声告知，已把邮轮编辑的全套行程资料放在我们房间了；厨师长说："今晚为你们准备了新鲜的龙虾！"酒店经理也已为我们安排好明天送机的事宜。其实他们对每个即将离去的游客做了同样的事，可是，此时此刻以这种方式告诉我们，还是让我们倍感温暖。

4月22日起了个大早，和多一到邮轮各处走走，再看看这个住了半个月

欢送酒会上船长致辞"欢迎回到现实"

的"家"，虽归心似箭，仍依依不舍。走到五层的露天餐厅，这是我们每天午餐和晚餐的地方，往日人声鼎沸，现在空无一人。还没来得及伤感，一只褐鹈鹕飘然而至，稳稳地站上了栏杆。它旁若无人地东张西望，自顾自地梳理羽毛。看着它亭亭玉立的身影，多一打趣地说："褐鹈鹕，你是来和我们道别的吧？"

走到船头的甲板，抬头一看，十几只军舰鸟蹲在桅杆上，还有十几只在邮轮上空盘旋。"聪明的军舰鸟，你们就是这样依附着轮船，从遥远的大陆来到加拉帕戈斯的吗？"我也随口说了一句。

突然听到一阵喧嚣声，我们寻声而去，原来大家在看鲨鱼。我们天天登陆这儿，登陆那儿，却从来没有注意还有许多鲨鱼一直尾随着我们的邮轮。总认为鲨鱼是海洋杀手，一提起就令人毛骨悚然。它那灵敏的嗅觉能追踪到一切猎物，尖利的牙齿能把一切猎物咬成碎片，可是今天看着它们围着邮轮嬉戏玩耍，倒也觉出几分情趣。

鲨鱼围着邮轮嬉戏

蓝脚鲣鸟也来凑热闹，只见它们发现目标，就以迅雷不及掩耳之势扎进水里，海面上顿时扬起一片水花。好想劝劝它们动作不要太猛，悠着点劲，入水力度过大，万一撞破脑壳扭断脖子或折损翅膀就永远回不了家了。

真希望临走之前还能与生活在群岛上的其他动物话别，比如象龟、海鬣蜥、陆鬣蜥、模仿鸟、达尔文雀、加拉帕戈斯企鹅、不会飞的弱翅鸬鹚……当然这是奢望，只能想想而已。十多天的探险活动已让我深知，不同的物种只生活在自己专享的岛屿上，此岛看不到彼岛的动物，彼岛也看不到此岛的动物。比如在圣克鲁斯岛，绝对看不到生活在伊莎贝拉岛的加拉帕戈斯企鹅。

在机场办理登机手续时，我还是要了一个靠窗户的座位，期望起飞后再能俯瞰这群岛屿。遗憾的是，天公不作美，今天云层太厚，把整个群岛遮挡得严严实实，起飞后除了云，什么也看不见。看不见也不要紧，反正我知道脚下就是美丽而可爱的加拉帕戈斯群岛，心里默念着再见这个、再见那个，突然脱口而出："再见，达尔文！"我怎么会跟达尔文说"再见"？他与我们阴阳相隔一个多世纪，我跟他谈何"再见"？再一细想，与达尔文说"再见"也是顺理成章。这些天来的探险，达尔文的名字如影相随地陪伴着我们。在达尔文湾看鼓着红色喉囊的军舰鸟，在塔古斯湾驻足于宝石般的达尔文湖，在达尔文研究站缅怀"孤独的乔治"，在龙丘地观赏达尔文雀，在伊莎贝拉岛眺望达尔文火山……自从踏上加拉帕戈斯群岛，天天都在接受达尔文自然选择法则的洗礼，感受物竞天择、适者生存的残酷。徜徉在岛屿之间，时时处处都能看到天地万物的演变：火山的演变，岛屿的演变，飞禽的演变，陆生动物的演变……加拉帕戈斯给了达尔文物种起源的灵感，达尔文回赠了加拉帕戈斯一个自然演化的灵魂。达尔文的出现从根本上改变了加拉帕戈斯的命运，改变了人们对地球生命的整体认知。达尔文的思想已深深融入这群漂浮在东太平洋上的孤岛，深深融入包围着这群孤岛的海洋，以至于一想起加拉帕戈斯，立刻就会联想到"达尔文"。

非常感谢达尔文，他让我们的加拉帕戈斯之旅变得这样有内涵、这样有深度，所以，在离开加拉帕戈斯之际，我脱口而出："再见，达尔文"，也是心有所思、行亦随之的表现。

最后，我还要加一句："再见，达尔文的加拉帕戈斯！"

告别晚餐的主菜是龙虾和鱿鱼 ——————————————————

褐鹈鹕飘然而至和我们说"再见"

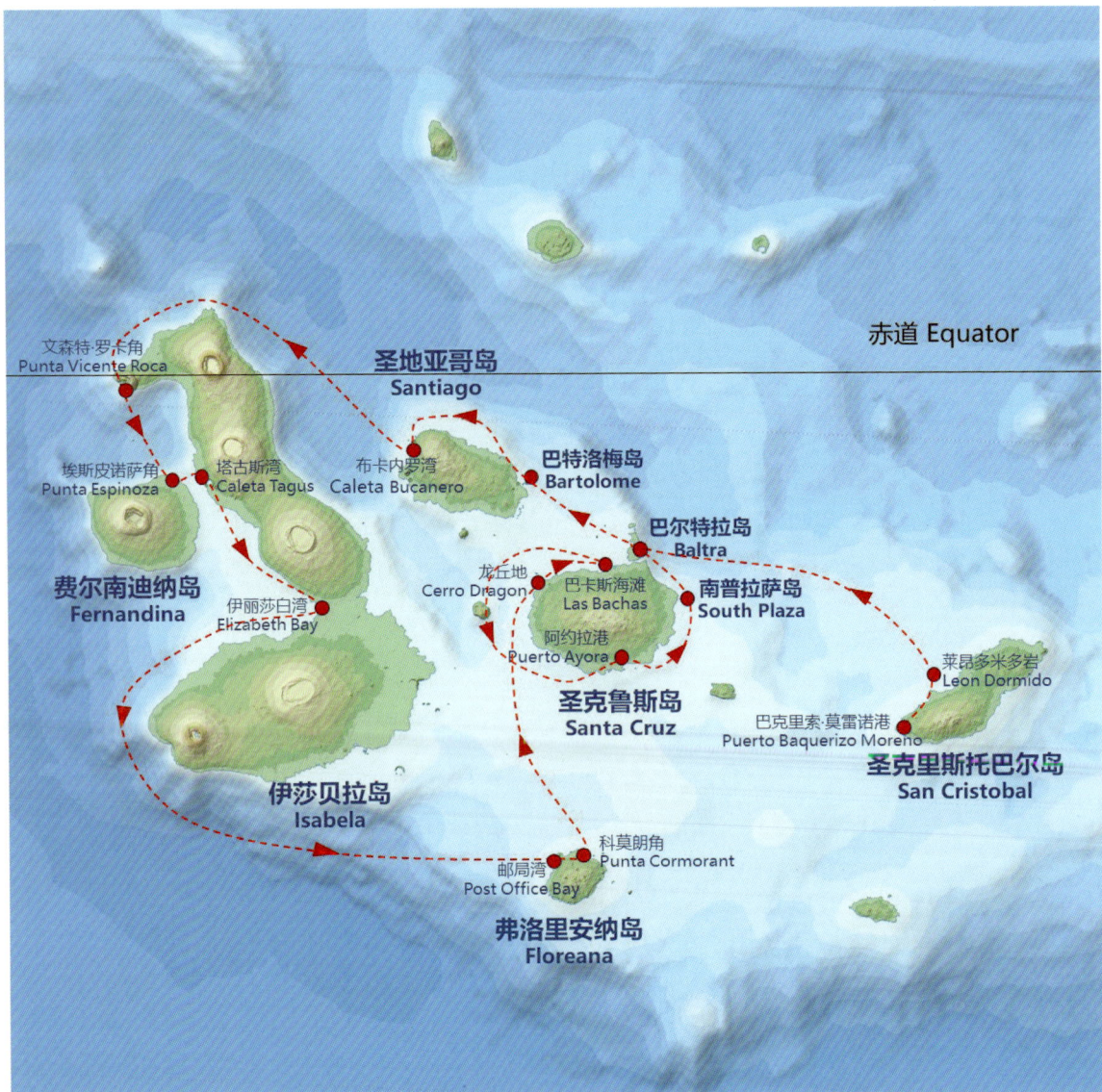

文森特·罗卡角
Punta Vicente Roca

赤道 Equator

圣地亚哥岛
Santiago

巴特洛梅岛
Bartolome

埃斯皮诺萨角
Punta Espinoza

塔古斯湾
Caleta Tagus

布卡内罗湾
Caleta Bucanero

巴尔特拉岛
Baltra

费尔南迪纳岛
Fernandina

龙丘地
Cerro Dragon

南普拉萨岛
South Plaza

伊丽莎白湾
Elizabeth Bay

巴卡斯海滩
Las Bachas

莱昂多米多岩
Leon Dormido

阿约拉港
Puerto Ayora

圣克鲁斯岛
Santa Cruz

巴克里索·莫雷诺港
Puerto Baquerizo Moreno

圣克里斯托巴尔岛
San Cristobal

伊莎贝拉岛
Isabela

科莫朗角
Punta Cormorant

邮局湾
Post Office Bay

弗洛里安纳岛
Floreana

加拉帕戈斯探险西线图

后　记

　　从加拉帕戈斯群岛回到北京，手头有很多事情要处理，但我们念念不忘的是把从邮局湾带回来的两张明信片送到收信人的手中，完成"信使"的工作，成全青青、琦和陆建廷的心愿。

　　很快，多一获得一个去上海的差事，于是我们决定先去上海的青青妈妈家。记得敲开房门时，青青妈妈一脸狐疑。显然青青没有告诉妈妈，有一张明信片将从遥远的加拉帕戈斯送到她面前。我们说明了来意，她礼貌地把我们让进家。尽管我们手持青青手书的明信片，但还是难解她心中的疑惑，她拨通远在大洋彼岸女儿的电话去证实。趁青青妈妈打电话的空档，我粗略地观察了一下她的家。她家的环境如同青青发的那张明信片，干干净净、整整齐齐、平平淡淡、中规中矩。真是文如其人，一张明信片反映了一个家庭的文化。青青妈妈与女儿通完电话，疑惑消失，脸上也出现了笑容，她拿出瓶装水招待我们，我们简单地与她聊了几句就告辞了。

　　接下来是给"猪头"送明信片。"猪头"一家人跟明信片上的文字表现得一样：热情、奔放！我们的车刚停好，"猪头"就迎了上来，很热情地把我们带进他家。此时，寄明信片的琦和陆建廷已回到北京。一看到自己投进加拉帕戈斯邮局湾木桶中的那张明信片，8 岁的儿子小建廷就手舞足蹈地讲起自己在群岛上的耳闻目睹，妻子琦在一旁不断地补充，丈夫"猪头"听着儿子和妻子的讲述，满脸荡漾的都是幸福。多么欢乐的一家人，古人说的文如其人一点没错！

　　一年以后，我们投进木桶的明信片也回到了手中，很遗憾，这两张明信片不是某位不曾见面的朋友亲自送达，而是通过邮局寄送的，这让我们感到有点儿失落。真想见到这位"邮递员"，当面对他或她表示感谢。科技发展到今天，人类早就告别了鱼传尺素、鸿雁传书的通信方式，快递、微信让人与人之间的联系方便快捷了许多，可去过加拉帕戈斯的人为什么还热衷于这种古老的通信方式？答案可能有许多，但我想，也许是因为大家心中都有一个加拉帕戈斯，也许是因为这种传递方式蕴含着一种人类的温度。

不记得从哪年开始，我和多一就习惯于每年出国旅游两三次，我们的旅游方式既不是跟着旅行团行色匆匆地走马观花，也不是凡事亲力亲为、天马行空似的自由行，而是以一种小型定制的方式出行。每次想去什么地方，先同旅行社协商，设计出适合自己的旅行线路，调整好符合自己节奏的时间表，再由旅行社安排食宿交通等一切细节。

原计划2019年我们将去北非几个国家旅游，可突如其来的新冠肺炎疫情使我们的计划戛然而止，困在家里哪里也去不了。虽说足不出户就是对抗疫的最大贡献，但无所事事的日子实在难熬。光阴不能荒废，干点儿什么好呢？多一建议，不如整理照片，把过去的照片分门别类地整理一下。好主意！整理照片有点烦琐，但也乐在其中。在整理的过程中，感到往事并不如烟，走过的那些路，经历过的那些事，亲近过的那些人，近距离观赏过的那些动物，林林总总都活灵活现地出现在眼前，心灵随着照片仿佛又进行了一次长途旅行。

当我整理到2017年4月在加拉帕戈斯拍摄的照片时，突然产生了分享的欲望，想把自己的所见所闻、所思所想写成书，把照片整理成册。因为这片漂浮在东太平洋上的群岛实在非同凡响，它们不仅保留了从远古一路走来的物种，还保留了地球开天辟地的初始模样。这些物种和地貌给了达尔文自然选择的灵感，让达尔文与上帝说"拜拜"；这些物种和地貌还揭示了物种演化的奥秘，让许多人彻底改变了对自然的认知，跟着达尔文一起同上帝"分手"。我和多一访问过60多个国家和地区，足迹遍及七大洲，但没有一个地方像加拉帕戈斯这样不可思议，对人的三观产生这样大的影响。

万事开头难，准备动笔时竟不知从何处下手，拿不准应该以岛屿为单元，还是以动物为章节。我漫不经心地翻阅引睿旅行创始人樊小城女士为我们定制的旅行手册，今天、明天，上午、下午，在加拉帕戈斯的行走路线一下非常清晰地出现在脑海，何不以日记的形式把那段难忘的经历记录下来呢？对！就以日记的形式记录。形式确定，马上动笔。

写作中得到了樊小城的大力支持，书中的地图都是她帮忙编辑制作的，书中使用的一些历史照片也是她多方寻找的。最难能可贵的是她的耐心，对于编制好的地图，我多次提出修改，而她，每次都不厌其烦地按照我的要求进行修改。长期的交往中，我们已忽略了她的身份，把她当成了挚友。

我还要感谢好朋友张广瑞、俞小兰以及中国旅游出版社段向民主任、张芸艳责任编辑和美编老师，感谢他们的热心、理解、帮助和指导。

当然，我最要感谢的是我的丈夫多一。在整个写作过程中，他都尽其所能给予帮助。无论是查找资料，还是联系出版，他都不辞辛苦。每写完一篇，他都是第一位读者，每读完一篇，他都中肯地提出修改意见。可以说，没有他，我不可能完成这部书的写作。

朱向霞

2022年3月于三亚

附录：加拉帕戈斯野生动物

Black-necked stilt
黑颈长脚鹬

Blue-footed booby
蓝脚鲣鸟

Brown booby
褐鲣鸟

Giant colored locust
多彩巨蝗

Brown pelican
褐鹈鹕

Darwin finch
达尔文雀

Flightless cormorant
弱翅鸬鹚

Frigatebird
军舰鸟

Galapagos hawk
加拉帕戈斯鹰

Land iguana
陆鬣蜥

Galapagos mockingbird
模仿鸟

Galapagos penguin
加拉帕戈斯企鹅

Galapagos sea lion
海狮

Giant tortoise
象龟

Great blue heron
大蓝鹭

Greater flamingo
火烈鸟

Green sea turtle
绿海龟

Heron
苍鹭

Lava gull
熔岩鸥

Lava lizard
熔岩蜥蜴

Marine iguana
海鬣蜥

Mourning dove
哀鸽

Nazca booby
纳斯卡鲣鸟

Red-footed booby
红脚鲣鸟

Red-rock crab
红石蟹

Ruddy turnstone
翻石鹬

Short-eared owl
短耳猫头鹰

Striated heron
绿鹭

Swallow-tailed gull
燕尾鸥

Waved albatross
波纹信天翁

（注：附录中收录的动物仅限于作者在加拉帕戈斯所见）